# 신구약 중간사

| *A blank page full of History* |

# 신구약 중간사

초판  1쇄 발행  2012년  8월 10일
    22쇄 발행  2025년  3월 14일

지은이 · 조병호
펴낸곳 · 도서출판 **통독원**
디자인 · 전민영

주소 · 서울시 강남구 선릉로 806
전화 · 02)525-7794   팩 스 · 02)587-7794
홈페이지 · www.tongbooks.com
등록 · 제22-2766호(2005.6.27)

ISBN 978-89-92247-58-0 03230

# 신구약 중간사

*| A blank page full of History |*

조병호 지음

통독원

# 추천사

### ✦ 강사문 교수 서울장신대학교 석좌교수 ✦

조병호 박사의 新舊約中間史는 구약과 신약을 연결하는 시간적 연결 다리에 해당되는 책이다. 400년에 걸친 긴 연결 다리에 대한 이해 없이는 구약이 신약으로 연계되어 이해될 수 없다. 시간적 연결 다리란 역사의 흐름 속에서 페르시아, 그리스, 로마 제국들의 흥망성쇠의 연결 고리를 알 수 있고, 그 제국들이 남긴 종교, 문화와 사상의 발자취를 터득할 수 있다. 동시에 제국들의 통치 시기가 신구약성경의 암흑기로 알려졌지만 그때에도 하나님의 구원의 役事는 지속되었음을 보여준다. 이런 시간적 연결 다리에 대한 이해 없이는 구약에 대한 기독교인의 오해가 발생한다. 고로 신학생들이나 목회자들뿐만 아니라 평신도들에게도 시간적 연결 다리에 대한 이해가 필요하기 때문에 이 책을 적극 추천하는 바이다.

### ✦ 김명용 총장 장로회신학대학교 ✦

『통通박사 조병호의 신구약 중간사』는 성경을 살아 있게 만드는 놀라운 힘을 갖고 있는 책이다. 이 책은 독자들로 하여금 성경이 살아 있는 역사 한복판에서 읽혀지게 만든다. 북왕국 이스라엘이 앗수르에 멸망하던 시절부터 신약의 복음서와 사도행전 및 요한계시록까지 역사의 흐름과 굴곡 속에서 하나님께서 무엇을 행하셨으며 역사의 흥망성쇠의 참 원인이 무엇이었는지 생생하게 우리에게 전해주는 너무나 귀중한 책이다. 특히 구약과 신약 사이의 시기에 무엇이 있었는지를 한눈에 알 수 있도록 정리해서 전해주는 점에 있어서 이 책은 엄청난 공헌이 있다.

## ✸ 권용근 총장 영남신학대학교 ✸

조병호 박사님의 글은 멀리 있어 보이는 성경을 가깝게 옮겨다주는 특징이 있습니다. 특히 비기독교인들에게는 더욱 그 진가가 나타납니다. 왜냐하면 성경을 기독교 신앙의 틀에서만 보지 않고 세계문화사적 관점에서 함께 풀어가고 있기 때문입니다. '성경과 고대사' 3부작에 이어 출간된 『신구약 중간사』는 성경을 더욱 입체적으로 보게 해주는 작품입니다. 이 책은 구약과 신약 사이에 있는 400년간을 하나님의 침묵 기간으로 이해하는 종전의 이해를 넘어 하나님의 더 큰 메시지가 나오게 되는 준비기간으로 이해함으로 복음의 지평을 더 크게 넓혀 주고 있습니다. 바라기는 이 책이 폭넓게 읽혀져 하나님의 말씀이 여전히 우리 가운데 살아 움직이는 말씀으로 더욱 생생하게 느껴지는 기회가 되었으면 합니다.

## ✸ 노영상 총장 호남신학대학교 ✸

독자들로부터 많은 사랑을 받았던 책, 『성경과 5대제국』, 『성경과 고대전쟁』, 『성경과 고대정치』의 저자인 조병호 박사께서 심혈을 기울여 출간한 새 책, 『신구약 중간사』를 소개하게 되어 기쁘다. 신구약 중간사는 신약과 구약의 중간시대를 말하는 것으로, 개신교의 정경 상에는 그 내용이 드러나 있지 않다. 하지만 가톨릭의 정경 중엔 이 중간사에 쓰인 책들이 포함되어 있는 바, 우리는 이런 책들을 보통 외경이라 부른다. 이와 같이 개신교의 정경 가운데에는 포함되지 않는 외경은 신구약 중간 시기의 이스라엘의 역사와 신앙적 체험들을 많이 담고 있으므로, 신약을 구약과 연결하여 생각하는 데에 큰 도움을 준다. 이 책이 조 박사님의 또 다른 베스트셀러가 되길 기대한다.

# A blank page full of History

구약의 마지막 책인 말라기에서 신약의 첫 번째 책인 마태복음으로 책장을 넘기는 데는 채 1초가 걸리지 않습니다. 그러나 그 사이에는 400여 년의 시간이 들어 있습니다.[1] 이 시기의 역사를 '신구약 중간사'라고 합니다.

신구약 중간기는 강대한 왕조들의 교체가 있었고, 유럽의 판도가 두세 차례나 바뀌었으며, 유럽과 아시아 국가들 사이의 국경선이 커다랗게 변모하였으며, 새로운 문화들이 출현한 시기입니다.[2]

우리가 신구약 중간사에 관심을 갖는 이유는 구약성경의 마지막 책인 말라기의 배경은 분명 페르시아 제국이었는데, 신약성경의 첫 번째 책인 마태복음의 배경은 너무나 자연스럽게 로마 제국이기 때문에, 그 사이의 역사를 알고 싶기 때문입니다. 그 사이 즉, 신구약 중간기는 페르시아 제국으로부터 시작해 260여 년의 역사를 가진 헬라 제국과 유대의 마카비 혁명, 하스몬 왕조, 헤롯 왕조, 그리고 로마 제국의 유대 통치가 들어 있습니다.

1) D. S. 러셀, 『신구약 중간시대』, 임태수 옮김(서울: 컨콜디아사, 1977), p.3.

2) 레이몬드 설버그, 『신구약중간사』, 김의원 옮김(서울: 기독교문서선교회, 1999), p.9.

때문에 신구약 중간사를 연구하자면, 구약 말미 7권(다니엘, 에스라, 학개, 스가랴, 에스더, 느헤미야, 말라기)의 배경인 페르시아 제국과, 히브리어로 된 구약성경을 당시 세계 공용어였던 헬라어로 번역한 70인역(LXX)을 통해 구약성경의 세계화를 이끌어낸 헬라 제국, 셀루커스 왕조에 대한 저항인 유대의 마카비 혁명과 하스몬 왕조, 헤롯 왕조의 등장, 헬라 제국 의 산물인 유대 분파들, 그리고 마태복음에서부터 요한계 시록까지 신약 전체의 배경이라 할 수 있는 로마 제국의 연구가 함께 통(通)으로 이루어져야 합니다.

B.C. 8세기 북이스라엘은 앗수르에게 멸망하고, B.C. 6세 기 남유다는 바벨론에게 멸망했습니다. 북이스라엘 백성 은 앗수르 제국의 혼혈정책으로 말미암아 '사마리아인'이 라는 혼혈족이 되었고, 남유다 백성은 포로가 되어 바벨론 으로 끌려갔습니다. 여러 나라에서 많은 사람들을 끌어온 바벨론 제국은 다른 나라 사람들과 구분하기 위해 남유다 에서 끌어온 사람들을 '유대인'이라 불렀습니다.

그 유대인들이 바벨론 제국에서 페르시아 제국으로 제국 의 변동을 직접 경험한 것입니다. 그들은 끌려간 곳, 바벨 론에서 새로운 통치세력인 페르시아 제국의 지방화 정책 에 따라 예루살렘으로의 귀환을 허락받았습니다. 그래서 바벨론 포로로 끌려간 지 70년 만에 예루살렘으로의 귀환 이 이루어진 것입니다.

그러나 70년 동안 바벨론에서 자리를 잡고 경제적 안정을 누리게 된 유대인들 가운데 상당수는 예루살렘으로 귀환하지 않았습니다. 왜냐하면 그들은 예레미야의 편지와 에스겔의 사역으로 말미암아 바벨론에서 월등하게 살아남아 생각 이상으로 부유한 삶을 살고 있었기 때문입니다. 70년 동안 힘들게 자리잡아 놓은 곳을 버리고, 황폐한 예루살렘으로 선뜻 돌아가기가 의외로 쉬운 일이 아니었던 것입니다.

예루살렘으로 귀환하지 않고 페르시아에 남은 남유다 사람들, 즉 유대인들은 신구약 중간기에 페르시아 제국과 헬라 제국으로의 변동을 겪으면서 오히려 소아시아의 안디옥(Antioch)과 다마스쿠스(Damascus), 리디아, 프리기아, 에베소, 페르가뭄, 사데 등으로 흩어져 살게 됩니다.[3]

그들은 각자 흩어져 살면서 예루살렘 성전에 가지 못하는 대신 그곳에서 각 마을마다 회당(Synagogue)을[4] 짓고 율법을 공부하며 살아남았습니다. 그들을 디아스포라 유대인이라 부릅니다. 디아스포라 유대인들은 이후 로마 제국 시대에 여행의 자유화가 이루어지면서 1년에 3차례(혹은 1차례라도) 예루살렘을 방문하여 성전에 십일조를 바치며 예루살렘을 활성화시키는 주역이 됩니다.

그리고 페르시아 제국이 끝나고 새롭게 헬라 제국이 등장하게 된 것입니다. 신구약 중간기 400여 년 가운데 260여

3) 찰스 F. 파이퍼, 『신구약 중간사』, 조병수 옮김(서울: 한국기독교교육연구원, 1982), p.115.

4) "회당과 회당 예배가 발생하게 된 것은 페르시아 시대나 나아가 바벨론 포로 시대로 거슬러 올라간다. 우리가 회당의 역사를 가장 먼저 찾을 수 있는 곳은 B.C. 3세기 중엽의 이집트이다. 그 다음 세기에 와서는 회당이 팔레스타인의 모든 도성과 마을에도 생겨났다. 결국에는 예루살렘에서도 생겨났다." 베르너 푀르스터, 『신구약 중간사』, 문희석 옮김(서울: 컨콜디아사, 2008), p.49.

년에 해당하는 헬라 제국은 헬레니즘을 제국 전체에 널리 퍼뜨리며, 특히 헬라어를 사용하도록 강요했습니다. 때문에 헬라 제국 시대에 히브리어 구약성경의 헬라어 번역인 '70인역'(LXX)은 역사적인 일이었습니다. 구약성경의 세계화가 이루어진 사건이기 때문입니다.

5) 브루스 M. 메츠거, 『신약성서개설』, 나채운 옮김(서울: 대한기독교출판사, 1983), pp.23~30.

'70인역'(LXX)이 번역될 당시 유대 본토에서 지식인들은 히브리어를 유창하게 구사할 수 있었지만, 일반 민중들에게 히브리어는 이미 사어(死語)나 다를 바 없었습니다.[5] 그들은 일반적인 근동의 통상언어인 아람어를 사용하고 있었으나, 헬라어 사용을 강요받고 있었습니다. 그리고 갈릴리를 포함한 팔레스타인 북쪽 지역은 헬라어가 널리 통용되고 있었습니다.

헬라 제국이 유대를 통치하면서 유대에는 마카비 혁명 후 하스몬 왕조와 헤롯 왕조의 등장과 더불어 사두개파와 바리새파, 그리고 에세네파 등이 등장합니다. 이 분파들이 바로 헬라 제국의 산물입니다. 때문에 신구약 중간사는 신약성경을 이해하는 선행학습이라 할 수 있을 것입니다.

신구약 중간기는 하나님께서 400여 년간 침묵하신 기간이라고 말합니다. 그러나 오히려 "주께서 어떻게 우리를 사랑하셨나이까?"(말 1:2)라는 유대인들의 질문에 대해 "하나님이 세상을 이처럼 사랑하사 독생자를 주셨으니"(요 3:16)라는 하나님의 대답이 준비된 기간이라 할 수 있습니다.

신구약 중간기는 하나님께서 "이렇게" 우리를 사랑하시기 위해 예수 그리스도를 보내시기 위한 준비 기간이었고, 제국의 변동 가운데 '모든 민족'(창 12:1~3; 마 28:19)에게 하나님의 사랑이 전파되도록 준비된 기간이었다는 것입니다.

작년(2011년)에 출간한 고대사 3부작(성경과 5대제국, 성경과 고대전쟁, 성경과 고대정치)은 아직 그리스도의 사랑을 알지 못하는 비기독교인들에게 성경을 전하려는 목적이 컸습니다. 그리고 기독교인들에게는 성경을 더 읽고 싶은 책으로 만들고 싶었기에 성경과 세계사를 접목하고 쉽게 쓰기 위해 최선을 다했습니다.

그러나 본서는 신학자로서 이미 그리스도의 사랑을 알고 있는 성도들과, 선지동산에서 주의 말씀을 공부하는 후배 신학도들, 그리고 동료 목회자들에게 작은 도움이라도 되었으면 하는 바람을 담았습니다.

이 자리를 빌어 저의 신학의 토대를 세워주신 두 분 교수님께 감사의 말씀을 드립니다.

장로회신학대학교에서 구약학을 가르쳐주시고 지금까지도 저에게 가장 깊은 신학적인 통찰력과 사랑어린 조언을 아끼지 않으시는 강사문 교수님과, 저에게 학문하는 법을 일깨워주신 저의 박사과정 지도교수셨던 Dr. Dr. Werner Ustorf 교수님이십니다. 그 외에 많은 교수님들께 신학수

업을 배웠고, 늘 그분들께 감사한 마음입니다.

끝으로 감사의 말씀을 드리고 싶은 분들이 몇 분 더 계십니다. 본서의 추천서를 써 주신 장로회신학대학교의 김명용 총장님, 영남신학대학교의 권용근 총장님, 호남신학대학교의 노영상 총장님께 진심으로 감사의 말씀을 드립니다. 선지동산에서 귀한 사역을 감당하시느라 늘 바쁘실 텐데도 불구하고 이렇게 본서를 추천해주셔서 얼마나 감사한지 모르겠습니다.

또한 이 책이 출간되기 전에 정성껏 읽어주시고, 학자의 조언을 아끼지 않으신 강성열 교수님, 민경진 교수님, 김철홍 교수님께 깊은 감사의 마음을 전합니다. 그리고 멀고 가까운 곳에 계신 저의 동역자들에게 깊은 사랑과 격려를 보냅니다.

가평 성경통독원에서

# CONTENTS

# A BLANK PAGE FULL OF HISTORY
## CHAPTER 1

# 선행학습

# 사마리아인(Samaritan)이 된
# 북이스라엘 사람들

B.C.931년부터 B.C.722년까지 약 2세기 동안 존재했던 북이스라엘은 앗수르 제국에 의해 더 이상 아브라함의 후손이라는 혈통의 순수성을 내세울 수 없는 '사마리아인'(Samaritan)이라는 혼혈족으로 바뀌게 됩니다. 그 배경을 잠시 살펴보면 다음과 같습니다.

앗수르[1]가 B.C. 8세기에 드디어 드러내놓고 제국주의를 표방하고 나서자, 고대 근동의 모든 나라들은 말 그대로 '비상사태'를 선포해야 했습니다. 근동의 모든 나라들이 그러했듯이 북이스라엘도 앗수르의 공격에 대비하고자 나름대로 국방과 외교에 전력을 다했습니다.

1) 헤로도토스, 『역사(상)』, 박광순 옮김(서울: 범우사, 2005), p.85.
: 로마의 키케로에 의해 '역사의 아버지'로 불려지게 된 헤로도토스는 그의 저서 『페르시아 전쟁사』에서 앗수르가 520년간 상아시아의 주인이었다고 적고 있다.

**티글랏 빌레셀 3세**
(Tiglath-Pileser Ⅲ, B.C.745~727)
영토확장과 니느웨 성을 건축한 아슈르나시르팔 2세 왕 이후 등장한 앗수르의 가장 위력적이고 강력한 힘을 가진 왕. 조공을 받는 수준이 아니라, 정복을 통해 고대 근동을 모두 앗수르 손아귀에 넣으려 했던 야심찬 앗수르의 왕으로 성경에는 '불'(Puhl)이라는 이름으로 기록됨.

2) 플라비우스 요세푸스, 『요세푸스 Ⅰ: 유대 고대사』, 김지찬 옮김(서울: 생명의말씀사, 2010), p.612.

**아하스**
(Ahaz, B.C.735~715)
남유다의 12번째 왕. 히스기야(Hezekiah, B.C.715~687) 왕의 아버지. 선지자 이사야의 조언을 듣지 않고 앗수르의 티글랏 빌레셀 3세와 연합하여 북이스라엘이 망하는 데 일조함. *존 브라이트 『이스라엘 역사(제4판)』 연대 참고

북이스라엘은 먼저 아람-다메섹과 연합군을 만들어 앗수르에 대항하기로 동맹을 맺었습니다. 그리고 남유다에게도 동맹에 가담할 것을 제안했습니다. 그런데 당시 남유다의 왕이었던 아하스는 북이스라엘의 제안을 거절하고, 오히려 앗수르의 왕 티글랏 빌레셀 3세(Tiglath-Pileser Ⅲ, B.C.745~727)에게 비밀편지를 보낸 것입니다.

아하스가 사자의 손에 많은 예물을 들려 보내면서 티글랏 빌레셀 3세에게 보낸 편지의 내용은 "북이스라엘과 다메섹과 수리아와 전쟁을 하는데 원군을 보내주면 많은 돈을 바치겠습니다."라는 것이었습니다.[2]

보통 '전쟁'이라 하면 그냥 쳐들어가면 그만이라 생각하지만 그것은 아이들 세계에서나 있는 일이고, 드러나는 명분이 없으면 의외로 시작하기가 쉽지 않은 것이 바로 국가 간 전쟁의 속성입니다. 남유다 아하스 왕의 비밀편지는 안 그래도 전쟁 명분을 원하던 앗수르의 티글랏 빌레셀 3세에게 굿 뉴스였던 것입니다.

남유다의 아하스에게서 편지를 받자마자 티글랏 빌레셀 3세는 수리아(Syria)를 공격해 전국을 폐허로 만들고, 다메섹을 함락시키고 르신 왕을 살해한 후, 다메섹인들을 상부 메대(the Upper Media)로 강제 이주시켰으며, 다메섹에 식민

지를 건설하고 앗수르인들을 그곳에 살게 했습니다. 그리고 속전속결로 북이스라엘로 진격해 많은 포로들을 잡아갔습니다.

살만에셀 3세의 블랙 오벨리스크: 살만에셀 3세에게 조공을 바치는 예후 왕 〈대영 박물관〉

티글랏 빌레셀 3세는 북이스라엘 곳곳에 마을 전체를 통째로 앗수르로 이주하라는 명령을 내렸습니다. 이때부터 혼혈족 사마리아인의 역사가 시작된 것입니다(B.C.732).

이렇게 티글랏 빌레셀 3세가 발 빠르게 북이스라엘과 아람-다메섹 연합군을 격파해주자, 남유다 왕 아하스는 예루살렘 성전과 자신의 왕궁 곳간에서 금과 은과 값진 예물을 꺼내 다메섹으로 직접 가지고 가서 약속대로 티글랏 빌레셀 3세에게 바쳤으며, 감사의 인사를 드린 후 예루살렘으로 돌아왔습니다.[3] 안 그래도 건축과 전쟁에서 탁월함을 드러냈던 티글랏 빌레셀 3세는 이렇게 많은 지역을 정복함으로 실질적인 앗수르 제국을 세운 왕으로 역사에 남게 됩니다.

그러나 B.C.727년 티글랏 빌레셀 3세는 갈릴리와 트랜스요르단 지역을 정복하고, 사마리아만 남겨둔 채 죽고 맙니다.[4] 그 뒤를 이어 티글랏 빌레셀 3세의 아들 살만에셀 5세(B.C.727~722)가 앗수르의 왕이 되었는데, 북이스라엘의 마지막 왕인 호세아(Hoshea, B.C.732~722)가 앗수르의 왕이 바

3) 플라비우스 요세푸스, 『요세푸스 Ⅰ: 유대 고대사』, 김지찬 옮김(서울: 생명의말씀사, 2010), p.612.

4) 폴 존슨, 『유대인의 역사』, 김한성 옮김(파주: 살림출판사, 2005), p.166.

꿰는 상황을 이용해 앗수르에 계속 바치던 조공을 중단하고 맙니다.

북이스라엘의 왕 호세아는 고대 근동을 벌벌 떨게 했던 강력한 티글랏 빌레셀 3세의 죽음이 앗수르에 큰 타격이 될 것이라 생각했던 것입니다. 그러나 티글랏 빌레셀 3세의 뒤를 이은 살만에셀 5세는 기대 이상으로 혼란없이 왕위를 잘 계승하고 티글랏 빌레셀 3세가 남겨 놓은 일을 잘 계승했습니다.

원만하게 왕위에 오른 살만에셀 5세는 곧바로 사마리아로 진격해와 사마리아 성을 포위하고 3년간 공성전(攻城戰)을 벌여 사마리아를 완전히 점령해버립니다(B.C.722).



"앗수르 왕이 올라와 그 온 땅에 두루다니고 사마리아로 올라와 그 곳을 삼 년간 에워쌌더라 호세아 제구년에 앗수르 왕이 사마리아를 점령하고 이스라엘 사람을 사로잡아 앗수르로 끌어다가 고산 강 가에 있는 할라와 하볼과 메대 사람의 여러 고을에 두었더라"(왕하 17:5~6).

그런데 앗수르의 왕 살만에셀 5세는 사마리아 성을 점령한 그해 그만 죽고 맙니다. 그러자 살만에셀 5세의 뒤를 이은 사르곤 2세(B.C. 722~705)는 티글랏 빌레셀 3세에서 살만에셀 5세로 왕위가 이어져 갔을 때 북이스라엘이 행했던 조공 중단 같은 사태가 다시는 일어나지 않도록, 그리

고 북이스라엘에게 어떤 기회도 주지 않기 위해 지체하지
않고 곧바로 사마리아에 총독을 파견했습니다.

앗수르에서 파견한 총독은 사마리아에서 반란이 일어나지
않게 하기 위해 이미 티글랏 빌레셀 3세가 제정한 앗수르
제국의 정책인 인구혼혈정책을 더욱 활발하게 펼쳤으므로
사마리아의 혼혈족은 급격히 증가하게 됩니다.[5]

앗수르 제국은 자기 나라 사람들의 혈통은 순수하게 보존
시키면서, 자기들이 점령한 다른 지역 사람들은 모두 혼혈
족을 만드는 정책을 펼쳤습니다. 사마리아의 상류층 사람
들은 다른 지역으로 이주시키고, 다른 지역의 '상류층 외
국인들'을 사마리아에 이주시켜 차츰 그들이 혼인을 하게
함으로 새롭게 탄생한 혼혈족들이 제국 전역에 어떤 반란
도 일으킬 수 없게 한 것입니다.[6]

놀랍게도 이 정책은 반란을 일으키지 못하게 하는 효과와
함께, 지역 경제를 유지시켜 세금을 거두어 들이는 데 어
떠한 차질도 발생하지 않게 했습니다.

그때로부터 이후 유대 공동체는 신약시대까지 약 800여
년을 계속해서 사마리아인들을 배척하고, 경멸하고, 지독
한 욕설을 서슴지 않았으며, 사마리아인들도 유대 공동체
를 증오하게 된 것입니다. 신구약 중간기와 신약시대에 사
마리아인들은 유대 사회에서 무시당하기 일쑤였고, 심지

5) 레온우드, 『이스라엘의 역사』,
김의원 옮김(서울: 기독교문서선교
회, 1985), p.373.

6) 존 브라이트, 『이스라엘의 역사
(제4판)』, 엄성옥 옮김(서울: 은성,
2002), p.349.

7) 요아힘 예레미아스, 『예수시대의 예루살렘』, 한국신학연구소 번역실 (충남: 한국신학연구소, 1993), p.441.

어 이방인 노예보다도 한 단계 낮은 계층으로 취급받았습니다. [7]

아브라함의 후손이라는 자부심이 강했던 북이스라엘 백성이 사마리아인이 된 것은 모두 그들의 잘못 때문이었습니다. 200여 년 동안 여로보암 이후 19명의 왕들은 한결같이 '다윗의 길'이 아닌 '여로보암의 길'로 달려갔고, 왕과 백성은 우상을 섬기고, 하나님께서 보내셨던 선지자들(엘리야, 엘리사, 아모스, 호세아)의 말에 귀 기울이지 않았습니다.

그러자 하나님께서는 엘리야, 엘리사 선지자를 통해 북이스라엘의 오므리 왕조를 문 닫게 하시고 예후 왕조를 열게 하셨습니다. 그러나 예후 왕조의 개혁도 오므리 왕조의 돌이킬 수 없는 수준의 큰 잘못으로부터는 조금 벗어났으나, 하나님께서 원하시는 다윗 수준으로까지는 가지 못했습니다.

아모스, 호세아 선지자의 마지막 경고까지도 무시한 북이스라엘은 더 이상 어떤 기대도 할 수 없는 나라가 되고 맙니다. 북이스라엘은 회개할 기회를 받았음에도 불구하고 회개하지 않았고, 하나님의 분노가 북이스라엘에게 떨어지게 된 것입니다.

신약시대에 유대인들과 사마리아인들 사이의 분열과 반목이 극에 달하자, 이를 해결하려는 작은 움직임이 하나 있

---

**오므리 왕조**

(Omri, B.C.876~869 *존 브라이트 『이스라엘의 역사(제4판)』연대 참고)
세겜 북서쪽 언덕 위의 에브라임의 한 지점을 선택하여 본래 그 땅의 소유자 '세멜'의 이름을 따 사마리아 성을 세우고 그곳을 북이스라엘의 수도로 삼음. 북이스라엘의 6번째 왕으로 아합(B.C.874~853)의 아버지. 페니키아의 공주 이세벨과 자기 아들 아합과 결혼시킴으로 북이스라엘에 페니키아의 신 바알(Baal)과 아세라(Asherah)가 유입되게 했음.

**예후**

(Jehu, B.C.843~815 *존 브라이트 『이스라엘의 역사(제4판)』연대 참고)
아합 왕의 둘째 아들 여호람(요람, Jehoram)의 군 사령관이었다가 엘리사의 도움으로 북이스라엘의 10번째 왕의 자리에 오름. 오므리 왕조를 없애고 예후 왕조를 열어 기대를 한 몸에 받았으나, '다윗의 길'로까지 가지 못한 반쪽짜리 개혁으로 마침.

예수님과 사마리아 여인
카를로 마라타 作

8) 요아힘 예레미아스, 『예수시대의
예루살렘』, 한국신학연구소 번역실
(충남: 한국신학연구소, 1993),
p.449.

었습니다. 에돔족으로 유대의 분봉 왕 자리에 오른 헤롯 왕이 10명의 부인 가운데 1명을 사마리아 여인으로 택한 것입니다. 왕의 결혼을 통해서라도 유대와 사마리아 사이를 좁혀 보려 했던 것입니다.[8]

그러나 이는 별 실효를 거두지 못했습니다. 사마리아인에 대한 유대인들의 생각을 결코 바꿀 수가 없었던 것입니다. A.D.70년까지도 유대인들은 이방인과 마찬가지로 사마리아인들과 공식적으로는 교제조차 하지 않았습니다.

앗수르 제국의 정책으로 생겨난 사마리아인에 대한 문제는 유대 공동체에서 수백 년간 해답을 찾을 수 없는, 헤롯의 정치력으로도 해결이 불가능한 난제였습니다. 이 문제의 해결은 예수님 시대에 실마리가 풀리게 됩니다. 예수님께서 앗수르 제국의 흔적이 되어버린 혼혈족 사마리아인에 대한 안쓰러움과 사랑을 나타내시면서부터입니다.

9) 누가복음 10장 30∼37절
10) 누가복음 17장 11∼19절
11) 요한복음 4장 5∼42절

예수님은 강도 만난 사람을 도와준 선한 사마리아 사람 이야기를[9] 하시거나, 10명의 한센병 환자를 고쳐주셨는데 그중 다시 돌아와 감사인사를 드린 한 사마리아인에 대한 이야기,[10] 그리고 대낮에 물 길러 나온 사마리아 여인과 대화를[11] 나누시는 등, 이렇게 사마리아인에 대한 관심과 사랑과 연민을 드러내심으로 사마리아인들에게 새로운 길이 열리게 된 것입니다. 예수님은 이 땅에서 마지막으로 남기신 유언에서까지 사마리아를 챙기셨습니다.

"오직 성령이 너희에게 임하시면 너희가 권능을 받고 예루살렘과 온 유대와 사마리아와 땅 끝까지 이르러 내 증인이 되리라 하시니라"(행 1:8).

복음이 모든 민족에게 퍼져나갈 때 사마리아를 그냥 통과하지 않게 하시기 위함이었습니다. 사마리아인에 대한 예수님의 사랑은 결국 복음이 그들에게 들어감으로 결실을 맺습니다. 예수 그리스도의 복음이 사마리아 성에 들어감으로 그 성에 큰 기쁨이 생기게 되면서 말입니다.

"빌립이 사마리아 성에 내려가 그리스도를 백성에게 전파하니 무리가 빌립의 말도 듣고 행하는 표적도 보고 한마음으로 그가 하는 말을 따르더라 많은 사람에게 붙었던 더러운 귀신들이 크게 소리를 지르며 나가고 또 많은 중풍병자와 못 걷는 사람이 나으니 그 성에 큰 기쁨이 있더라"
(행 8:5~8).

# 이후 150년간의 남유다 역사

앗수르 제국에 의해 북이스라엘이 멸망할 때, 남유다의 아하스 왕은 앗수르에 뇌물과 굴욕외교를 펼친 덕분에 잠시 나라의 생명을 연장시킬 수는 있었습니다. 그러나 앗수르는 자신들의 제국주의 정책에서 남유다의 역할이 다했다는 판단이 끝나자, 이제 더 이상 눈치 볼 것 없이 남유다에게 노골적으로 그들의 야욕을 드러냅니다.

아하스의 뒤를 이어 그의 아들 히스기야가 남유다의 왕이 되자, 앗수르는 아하스와 맺었던 약속과 상관없이 곧바로 남유다를 쳐들어와 수많은 마을과 20만 명이 넘는 사람들을 포획하고 남유다의 46개의 성을 점령해버렸습니다. 그리고 예루살렘은 18만 5천 명의 앗수르 군인들이 에워싸고 공성전을 벌이기 시작한 것입니다.

앗수르는 당시의 상황에 대해 그들의 문헌 '센나케리브'(산헤립, Sennacherib)[12]에 히스기야 왕을 "새장의 새와 같이" 가두었다고 기록하고 있습니다.[13] 누가 봐도 남유다가 북이스라엘처럼 앗수르에게 멸망할 것으로 보였습니다.

앗수르는 공성전 때 포위공격에서 많은 승리를 했던 것으로 기록되고 있습니다. 앗수르는 다양한 포위 기법을 사용했는데 보루로 돌격, 성벽과 성문 부수기, 사다리타고 오르기, 땅굴 파기, 그리고 심리전에 매우 능했습니다.[14]

12) 사르곤 2세의 아들 '산헤립'을 일컫는 말로 바벨론에서 남부 팔레스타인과 소아시아에 이르는 광대한 제국을 물려받은 앗수르 왕의 이름으로 그의 이름을 딴 앗수르의 역사 문헌을 일컬음.

13) 요아힘 예레미아스, 『예수시대의 예루살렘』, 한국신학연구소 번역실(충남: 한국신학연구소, 1993), p.402.

14) 버나드 로 몽고메리, 『전쟁의 역사』, 승영조 옮김(서울: 책세상, 2009), p.118.

앗수르는 3년간 공성전을 벌인 사마리아 성보다 예루살렘 성을 더 빨리 함락시키기 위해 그들의 장기인 심리전을 펴는 데 언어의 천재 랍사게까지 전쟁에 투입시켰습니다(왕하 18:28~37). 그러나 이 전쟁의 결과는 놀랍게도 오히려 남유다의 승리로 끝납니다.

하나님께서 앗수르 제국으로부터 예루살렘을 지켜주신 것입니다. 앗수르는 제국주의를 하면서 나라의 경계를 자기 나라가 정할 수 있다고 자만했습니다(사 36:13~20). 그러나 거주의 경계는 처음부터 하나님께서 결정하셨습니다. 하나님께서 북이스라엘을 처벌하시기 위해 사용한 몽둥이 앗수르 제국은 하나님의 뜻대로 사마리아까지만 내려올 수 있었던 것입니다. 예루살렘을 포위한 18만 5천 명의 앗수르 군인들이 하루아침에 모두 죽어버렸기 때문입니다.

"이 밤에 여호와의 사자가 나와서 앗수르 진영에서 군사 십팔만 오천 명을 친지라 아침에 일찍이 일어나 보니 다 송장이 되었더라" (왕하 19:35).

앗수르의 군인들 18만 5천 명의 죽음에 대해 폴 존슨은 헤로도토스의 『역사』를 인용하면서 이 사건을 쥐들이 전염시킨 '페스트' 라고 기록하고 있습니다.[15] 유대의 역사가 요세푸스도 헤로도토스의 『역사 제2권』을 자신의 책『유대 고대사』에서 언급하면서 "하룻밤에 수많은 쥐 떼가 나타나 앗수르 군의 활과 그 밖의 무기들을 갈기갈기 쪼아 놓았다."라고 기록하고 있습니다.[16]

또한 요세푸스는 "랍사게가 이끄는 그의 부대가 전염병으로 인해 큰 어려움에 직면해 있는 것을 보았다. 왜냐하면 신께서 그의 군대에 무서운 전염병을 내리셔서 성을 공격하는 첫날밤에 18만 5천 명이나 되는 병사들이 (그 속에는 지휘관과 장교들이 포함되어 있었는데) 죽었기 때문이다."라고 기록하고 있습니다.[17]

고대 근동에서 잔인하기로 명성을 날리며 승승장구했던 앗수르는 예루살렘 성 주위에서 18만 5천 명의 군인들이

15) 폴 존슨, 『유대인의 역사 1』, 김한성 옮김(파주: 살림출판사, 2005), p.173.

16) 플라비우스 요세푸스, 『요세푸스 I: 유대 고대사』, 김지찬 옮김(서울: 생명의말씀사, 2010), p.623.

17) 플라비우스 요세푸스, 『요세푸스 I: 유대 고대사』, 김지찬 옮김(서울: 생명의 말씀사, 2010), p.624.

한꺼번에 죽자, 결국 서둘러 니느웨
(니네베)로 퇴각하고 맙니다. 퇴각한
앗수르의 산헤립 왕은 칼로 살해당하
고, 그때부터 앗수르는 혼란에 빠져
급격히 세력이 약해지기 시작합니다.
앗수르 제국이 예루살렘에서 퇴각함
으로 예루살렘은 고대 근동에서 매우
유명해지게 되었습니다.

산헤립의 파멸 – 루벤스 作

"그 작은 나라 남유다의 수도 예루살렘에서 앗수르가 지고
왔단 말이야?"
그렇게 이야기가 퍼져가면서 말입니다.

"앗수르 왕 산헤립이 떠나 돌아가서 니느웨에 거주하더니
그가 그의 신 니스록의 신전에서 경배할 때에 아드람멜렉
과 사레셀이 그를 칼로 쳐죽이고 아라랏 땅으로 도망하매
그 아들 에살핫돈이 대신하여 왕이 되니라"(왕하 19:36~37).

남유다는 히스기야에 이어 므낫세와 아몬의 통치를 거쳐,
요시야 왕이 통치하던 30년간 유다 역사상 가장 행복한 시
기를 보냅니다.[18] 이때의 특징은 평화, 번영, 개혁이었습
니다. 외부와는 전쟁이 없었고, 백성은 건축 사업에 집중
할 수 있었으며, 요시야 자신은 모세의 율법에 명한 것들
을 재수립함으로써 하나님을 기쁘시게 하려 했기 때문입
니다.

18) 레온우드, 『이스라엘의 역사』,
김의원 옮김(서울: 기독교문서선교
회, 1985), p.407.

B.C. 7세기 남유다의 요시야 왕 시대는 뛰어난 선지자들의 시대였습니다. 예레미야, 스바냐, 나훔, 하박국과 같은 선지자들이 한꺼번에 등장해 하나님의 말씀을 전했기 때문입니다. 이것은 하나님께서 남유다에게 임박한 징벌에 대해 마지막으로 집중적인 경고를 하신 것이라 할 수 있습니다.

그런데 B.C.609년 애굽(이집트)의 왕 느고가 앗수르의 남은 군대를 모아 새로운 제국의 주인으로 부상하려는 바벨론을 막고, 애굽(이집트)을 세계적인 위치로 올려놓고자 북쪽으로 원정에 나섭니다. 이때 애굽(이집트)의 원정을 막기 위해 요시야 왕이 유대의 전략적 요충지인 므깃도(Megiddo)로 출정했다가 그만 전사하고 맙니다.

요시야 왕이 죽고 난 후 남유다는 내리막길로 치닫습니다. 요시야 이후 여호아하스, 여호야김이 남유다를 통치하는데 이미 바벨론이 무섭게 부상하고 있었기 때문입니다. 마지막 혼신의 힘을 다하던 애굽(이집트)마저 B.C.605년 갈그미스(Carchemish) 전투에서 바벨론에게 완전히 패함으로 애굽(이집트) 경계까지의 모든 수리아와 팔레스타인이 바벨론 땅이 되어버린 것입니다.

그 기세를 몰아 바벨론의 느부갓네살(Nebuchadnezzar II,

B.C.605~562) 왕은 예루살렘으로 쳐들어와 여호야김 왕에게 굴복을 강요하고, 유능한 사람을 골라 앞으로 바벨론의 관리인으로 배치시키고자 다른 지역들과 마찬가지로 예루살렘에서도 인재를 끌어갔습니다.[19]

이때 바벨론이 남유다에서 끌어간 첫 번째 포로가 바로 다니엘과 다니엘의 세 친구 하나냐(Hananiah), 미사엘(Mishael), 아사랴(Azazriah)이었던 것입니다. 이것이 바벨론으로의 1차 포로입니다(B.C.605).


신구약 중간사

# 바벨론으로 끌려간 남유다 사람들

20) 존 브라이트, 『이스라엘의 역사(제4판)』, 엄성옥 옮김(서울: 은성, 2002), p.413.

B.C.604년 바벨론의 느부갓네살 왕은 블레셋의 아스글론(Ashkelon)을 정복하고, 블레셋의 지도 계층 사람들을 사로잡아 바벨론으로 끌어갔습니다.[20] 그리고 B.C.601년에는 다시금 반란을 일으킨 애굽(이집트)의 느고와 맞서 애굽(이집트) 경계 지역에서 큰 전투를 벌였습니다. 이 전투에서 두 나라는 어느 편이 이겼다고 할 수 없을 정도로 피차 큰 손실을 입었는데, 어쨌든 이때 느부갓네살이 일단 퇴각함으로 애굽(이집트)은 잠시 숨을 고를 시간을 확보하기는 합니다.

그런데 이때 남유다의 여호야김 왕은 상황을 잘못 판단하여 아무 소용도 없는 일을 벌입니다. 애굽(이집트)에 원조를 구하며 바벨론에 반역행위를 한 것입니다. 이는 B.C.605년 바벨론으로 1차 포로를 보내면서 맺은 강화조약을 위반하는 행위였습니다. 따라서 느부갓네살은 아람, 모압, 암몬 군대를 남유다로 먼저 보내어 남유다와 전쟁을 치르게 합니다.

| 바벨론 | 남유다 | 애굽 |
| --- | --- | --- |
| 느부갓네살<br>(Nebuchadnezzar II)<br>B.C.605~562 | 여호야김(Jehoiakim)<br>B.C.609~598<br>여호야긴(Jehoiachin)<br>B.C.598~597<br>시드기야(Zedekiah)<br>B.C.598~587 | 느고(Necho II)<br>B.C.610~595 |

B.C.598년 애굽(이집트)으로 원조를 요청했던 남유다의 왕 여호야김이 죽고, 여호야김의 18세 된 아들 여호야긴이 남유다 왕의 자리에 오릅니다. 느부갓네살이 보낸 아람, 모압, 암몬 군대가 남유다를 공격해왔는데도 애굽(이집트)은 끝내 여호야김이 그토록 간청했던 원군을 보내지 않습니다. 아니 보낼 여력이 없었던 것입니다.

군대를 다시 정비한 느부갓네살이 바벨론에서부터 예루살렘으로 직접 내려옵니다. 예루살렘의 운명은 바벨론의 손으로 이미 넘어간 것이나 마찬가지였습니다. 느부갓네살은 남유다의 왕 여호야긴과 왕후, 왕자, 신복들, 그리고 예루살렘 성전의 보물들까지 챙겨서 바벨론으로 끌어갑니다. 이때 선지자 에스겔과 예루살렘의 핵심브레인(용사들과 기술자와 대장장이가 포함된) 1만 명이 함께 끌려간 것입니다. 이것이 바벨론으로의 2차 포로입니다(B.C.598).



"그의 신복들이 에워쌀 때에 바벨론의 왕 느부갓네살도 그 성에 이르니 유다의 왕 여호야긴이 그의 어머니와 신복과

지도자들과 내시들과 함께 바벨론 왕에게 나아가매 왕이 잡으니 때는 바벨론의 왕 여덟째 해이라 그가 여호와의 성전의 모든 보물과 왕궁 보물을 집어내고 또 이스라엘의 왕 솔로몬이 만든 것 곧 여호와의 성전의 금 그릇을 다 파괴하였으니 여호와의 말씀과 같이 되었더라

그가 또 예루살렘의 모든 백성과 모든 지도자와 모든 용사 만 명과 모든 장인과 대장장이를 사로잡아 가매 비천한 자 외에는 그 땅에 남은 자가 없었더라 그가 여호야긴을 바벨론으로 사로잡아 가고 왕의 어머니와 왕의 아내들과 내시들과 나라에 권세 있는 자도 예루살렘에서 바벨론으로 사로잡아 가고 또 용사 칠천 명과 장인과 대장장이 천 명 곧 용감하여 싸움을 할 만한 모든 자들을 바벨론 왕이 바벨론으로 사로잡아 가고"(왕하 24:11~16).

21) 존 브라이트, 『이스라엘의 역사 (제4판)』, 엄성옥 옮김(서울: 은성, 2002), p.414.

그리고 느부갓네살 왕은 여호야긴 왕의 삼촌이자, 요시야의 셋째 아들 맛다니야(Mattanish)의 이름을 바벨론식으로 시드기야(Zedekiah)로 바꾸고 남유다 왕의 자리에 앉혔습니다. 남유다 왕의 자리에 오른 시드기야는 바벨론식 이름을 가졌다는 것과, 외국인인 바벨론 왕이 지명했다는 이유로 유대 백성의 인정을 받지 못했습니다. 유대 백성은 바벨론으로 끌려간 여호야긴을 그들의 왕이라고 여겼기 때문입니다.[21]

바벨론에서 발견된 고문서 서류에도 시드기야 대신 여호

야긴을 "유대의 왕"이라 기록하고 있으며, 팔레스타인 텔 베이트 미르심(Tell Beit Mirsim)과 텔 엘 루메일레(Tell er-Rumeileh)에서 발견된 항아리 손잡이들에도 "여호야긴의 청지기 엘리야김"이라고 찍혀 있습니다. 이는 남유다 백성이 시드기야 때에도 왕권이 여호야긴에 속해 있다고 생각한 것을 나타냅니다.[22]

시드기야 왕은 판단력이 부족하고 무능한 왕이었습니다. 그럼에도 불구하고 백성의 마음을 자기에게로 돌리기 위해 무던히 애를 썼는데, 그 결과 바벨론에 항복하라고 조언하는 예레미야와 끝까지 대립하고 바벨론에 저항하는 모습을 보였던 것입니다.

시드기야 왕은 또다시 애굽(이집트)에 원조를 요청합니다. 그리고 당시 바벨론에 대항하고자 새로운 동맹을 형성하고 있던 에돔, 모압, 암몬, 페니키아 연합에 남유다도 함께 하기로 합니다. 이때 거짓 선지자 하나냐가 바벨론으로 끌려간 포로들과 성전 기명들이 2년 안에 돌아올 것이라는 달콤한(?) 예언을 쏟아놓기까지 했기 때문에 시드기야는 바벨론에 항복하라는 예레미야의 조언을 끝내 거절한 것입니다. 시드기야는 하나님의 뜻과 상관없이 오직 자신의 자존심과 왕의 자리가 중요했던 것입니다.

남유다를 향한 하나님의 계획은 예루살렘을 안식하게 하고, 70년간 바벨론에 포로로 끌려갔다가 오라는 것입니다.

22) 레온우드, 『이스라엘의 역사』, 김의원 옮김(서울: 기독교문서선교회, 1985), p.414.
존 브라이트, 『이스라엘의 역사(제4판)』, 엄성옥 옮김(서울: 은성, 2002), p.415.

남유다 말기,
애굽으로의 원조 요청

1. 여호야김 왕(B.C.609~598)
   애굽의 느고(B.C.610~595) 왕에게 원조 요청
2. 시드기야 왕(B.C.598~587)
   애굽의 호브라(B.C.589~570) 왕에게 원조 요청

| 거짓 선지자<br>하나냐의 예언 | 선지자<br>예레미야의 예언 |
| --- | --- |
| 바벨론으로 끌려간 포로들과 성전기명들이 2년 안에 다시 남유다로 돌아올 것이라고 전함. | 예루살렘이 바벨론에 의해 70년간 황폐할 것이고, 바벨론에 항복하는 것이 하나님의 뜻임을 전함. 70년간 바벨론 포로생활을 예언함. |

이는 제사장 나라의 사명을 감당하지 못한, 다시 말해 하나님과의 언약을 저버린 것에 대한 처벌이었습니다. 하나님께서 앗수르 제국에게서 지켜주셨던 예루살렘을 마침내 포기하신 것입니다.

바벨론이 마침내 예루살렘을 완전히 함락시키려고 군인들을 데리고 내려왔습니다. 이때 예레미야는 시드기야 왕에게 하나님의 뜻을 전하며, 바벨론 군인들에 의한 예루살렘 성의 약탈을 막기 위해 항복해야 한다고 말했습니다.

23) 레위기 26장 14~39절

그러나 시드기야는 예레미야의 조언을 따르지 않고 그때로부터 무려 18개월이나 바벨론 군인들로 하여금 예루살렘 성 주위에서 한뎃잠을 자게 했습니다. 그 사이 예루살렘 성안의 상황은 레위기에 기록된 대로[23] 하나님과 이스라엘 사이에 약속한 언약을 지키지 않을 경우에 해당하는 온갖 재앙이 벌어지고 있었습니다.

“그 성이 시드기야 왕 제십일년까지 포위되었더라 그 해 넷째 달 구일에 성 중에 기근이 심하여 그 땅 백성의 양식이 떨어졌더라”(왕하 25:2~3).

24) Donald John Wiseman, *Nebuchadnezzar Babylon* (London: Oxford University Press, 1985), p.36.

또한 바벨론은 예루살렘 성안으로 어떤 음식도 들어가지 못하도록 철저하게 막았으므로 예루살렘 성안의 삶은 피폐하기 이를 데 없었다고 기록되어 있습니다.[24]

바벨론의 느부갓네살 왕은 예루살렘 성 공성전이 시간을 끌자, 그 사이 잠시 애굽(이집트)으로 내려가 전후 강화조약을 어긴 애굽(이집트)에 대해 다시는 대항하지 못하도록 철저하게 응징합니다. 이때 바벨론의 이집트에 대한 공격의 주안점은 애굽(이집트)이 다시는 다른 나라들과 무역을 하지 못하도록 애굽(이집트)과 무역을 하는 국가들의 왕래를 막아 경제적인 모든 면을 차단했다는 점입니다.[25] 경제력은 다시 국방력이 될 수 있기 때문입니다.

B.C.587년 7월 예루살렘 성을 포위한 지 18개월 만에, 예레미야의 예언대로 드디어 바벨론 군인들에 의해 예루살렘이 함락당하고 맙니다. 비상통로를 통해 도망 길에 올랐던 시드기야는 밀고자의 밀고로 얼마 안 가 사로잡혀와 당시 느부갓네살 왕의 본부가 자리하고 있던 립나(Libnah)로 잡혀오게 됩니다.[26]

당시 32세였던 시드기야가 두 눈이 뽑히기 전에 이 세상에서 마지막으로 본 것은 두 아들이 죽는 모습이었습니다. 시드기야의 두 눈이 뽑힌 것은 서약을 파기한 봉신들에게 가해지는 일반적인 처벌이었습니다.[27] 그리고 두 눈이 뽑힌 시드기야는 사슬에 결박당한 채 바벨론으로 끌려가 죽는 날까지 어두운 감옥 안에서 그의 삶을 보내야만 했습니다.

25) David Stephen Vanderhooft, *The Neo-Babylonian empire and Babylon in the latter prophets* (Atlanta, Ga: Scholars Press, 1999), p.83.

26) 레온우드, 『이스라엘의 역사』, 김의원 옮김(서울: 기독교문서선교회, 1985), p.416.

27) 폴 존슨, 『유대인의 역사 1』, 김한성 옮김(파주: 살림출판사, 2005), p.187.

바벨론 군인들은 400년 동안이나 서 있었던 예루살렘 성
전을 포함해 왕궁과 모든 귀족들의 집을 불살랐습니다. 또
한 예루살렘 사방의 성벽을 헐어버렸습니다. 바벨론 군인
들에게는 약탈이 허용되었기 때문에 예루살렘 성안의 수
많은 사람들이 죽음을 당했고, 여인들이 폭행을 당했으며,
아이들은 죽거나 고아가 되고 말았습니다.

그 무자비한 약탈이 끝나자, 초토화된 예루살렘에는 포도
농사를 지을 소수 인원만 남겨놓고, 성안에서 살아남은 사
람들과 항복한 사람들은 모두 바벨론으로 끌려가고 말았
습니다. 당시 남유다의 왕 시드기야가 두 눈이 뽑히고 사
슬에 결박당하여 끌려가는 상황이었으니 일반 백성의 끌
려가는 모습은 '처참함' 그 자체였을 것입니다. 이것이 바
벨론으로의 3차 포로입니다(B.C.586).

28) 죠셉 게이어, 『이스라엘 설화
집』, 김영배 옮김(서울: 종로서적,
1983), pp.5~6.

다음은 이스라엘의 설화에 나오는 이야기입
니다.[28] 남유다 백성이 바벨론에 포로(바벨론
유수, The Babylon Captivity)로 끌려갈 때, 그들은
등에 무거운 짐을 지고 시리아의 험한 산과
황량한 평원과 유프라데스 강 유역의 긴 계
곡을 터벅터벅 걸어갔다고 합니다.

바벨론 군인들은 슬픔에 흐느끼며 끌려가는
그들에게 무자비하게 채찍질을 계속하고 있
었습니다. 어느 날, 그 전쟁포로들을 시찰하

기 위해 느부갓네살 왕이 직접 포로
들의 행렬로 내려왔습니다.

그런데 느부갓네살 왕은 포로들 가
운데 등에 짐을 지지 않은 자들을 발
견하였습니다. 그들이 유대의 왕자
들임을 알게 된 느부갓네살 왕은 유대의 거룩한 두루마리
를 가져오게 하여 그것들을 조각조각 자르게 했습니다. 그
리고 그 조각들을 이어서 자루로 만들어 그 자루 속에 모
래를 가득 채워 무거운 짐이 되게 하여 유대의 왕자들이
지고 가게 했다는 것입니다.

바벨론으로 끌려가던 포로들의 모습은 위와 같았고, 당시
유대의 상황도 이에 못지않았습니다. 이때의 상황은 고고
학적인 자료에 따르면, 남유다 전체 대부분의 도시가 너무
심하게 훼손되고 파괴되어서 마을 대부분이 텅 비어 있었
다고 기록하고 있습니다.[29]

29) Peter R. Ackroyd, *Israel
under and Babylon and Persia*
(London: Oxford University
Press, 1985), p.10.

이제 남유다 백성에게 눈에 보이는 성전은 불타고 부서져
사라졌습니다. 하나님은 예레미야를 통해 눈에 보이는 성
전이 아닌, 마음에 새기는 새 언약(렘 31:31~34)을 이스라엘
과 다시 맺기를 원하셨습니다. 그렇게 되기 위해 70년의
재교육 기간이 필요했던 것입니다. 예전 광야 40년처럼,
바벨론으로 끌려가서 다시 70년을 교육받아야 했던 것입
니다.


신구약 중간사

# 애굽(이집트)으로 도망한 남유다 사람들

30) 존 브라이트, 『이스라엘의 역사(제4판)』, 엄성옥 옮김(서울: 은성, 2002), p.418.

유대는 시드기야 왕을 끝으로 더 이상 왕이 다스리는 나라가 아니라, 바벨론이 지명한 총독이 다스리는 바벨론의 일개 주(州)가 되었습니다. 바벨론이 유대에 임명한 첫 번째 총독은 요시야 왕의 개혁 운동에 참가했던 요시야의 서기관으로 추정되는 사반의 손자이자, 예레미야의 목숨을 구해준 적이 있는 아히감(Ahikam)의 아들로, 유대 귀족에 속하는 그달리야(Gedaliah)였습니다.[30]

그달리야는 예루살렘이 아닌 미스바에서 총독의 일을 보았습니다. 왜냐하면 예루살렘의 상태가 사람이 살 수 없을 정도로 심하게 파괴되고 훼손되었기 때문입니다. 그런데 그달리야는 총독의 일을 시작한 지 겨우 2개월 만에 암살

당하고 맙니다. 그달리야를 암살한 사람은 바벨론이 남유
다를 공격하던 초창기에 일찍이 암몬으로 도망했던 사람
으로, 그달리야가 총독이 되자 그달리야를 찾아와 충성을
맹세하고 관리가 된 이스마엘이었습니다.

그달리야의 보좌관 요하난(Johanan)이 이스마엘의 충성맹
세가 거짓일 것이라 말했음에도 불구하고 그달리야가 이
스마엘을 믿은 것이 잘못이었습니다. 그달리야를 죽인 이
스마엘은 미스바에 있던 바벨론 수비대와 죄 없는 구경꾼
들까지 살해하고 다시 암몬으로 도망하였습니다.[31]

31) 존 브라이트, 『이스라엘의 역사
(제4판)』, 엄성옥 옮김(서울: 은성,
2002), p.418.

그달리야의 부하들이 이스마엘을 맹렬히 추격했으나, 이
스마엘과 그의 추종자들은 암몬으로의 도망을 성공합니
다. 그러나 얼마 후, 바벨론의 보복이 있을 것이라 두려워
한 요하난은 예레미야를 찾아와 조언을 구합니다. 하나님
으로부터 말씀을 구하면서 무슨 말씀을 하시든지 그대로
따르겠다고 약속까지 하면서 말입니다.

10일이 지나 예레미야는 요하난과 유대 백성에게 바벨론
이 보복하지 않을 것이니 유대 땅에 남아서 살 것과, 하나
님의 뜻은 70년간 바벨론으로의 포로생활이기 때문에 결
코 삶의 방향을 애굽(이집트)으로 해서는 안 될 것이라고 경
고했습니다.

그러나 요하난은 바벨론의 보복을 두려워하여 예레미야와

32) 레온우드, 『이스라엘의 역사』, 김의원 옮김(서울: 기독교문서선교회, 1985), p.124.

의 약속마저 또 어기고, 더 나아가 예레미아까지 데리고 애굽(이집트)으로 도망합니다.[32] 이때 많은 유대 백성이 애굽(이집트)으로 따라 내려갔습니다. 이들마저 유대 땅을 떠나자 유대는 거의 텅 빈 듯했습니다.

"노소를 막론하고 백성과 군대 장관들이 다 일어나서 애굽으로 갔으니 이는 갈대아 사람을 두려워함이었더라"
(왕하 25:26).

바벨론에 끝까지 저항했던 시드기야 왕은 두 눈이 뽑힌 상태로 바벨론까지 끌려가 죽는 날까지 지하 감옥에서 나오지 못했습니다. 그러나 예루살렘이 완전히 멸망하기 12년 전에 2차 포로로 끌려갔던 여호야긴 왕은, 바벨론으로 끌려간 지 37년째에 풀려나 다른 나라에서 끌려온 왕들보다 훨씬 좋은 대접을 받았으며 죽는 날까지 바벨론 왕으로부터 부족함 없이 쓸 것을 공급받으며 살았습니다.

"유다의 왕 여호야긴이 사로잡혀 간 지 삼십칠 년 곧 바벨론의 왕 에윌므로닥이 즉위한 원년 십이월 그 달 이십칠일에 유다의 왕 여호야긴을 옥에서 내놓아 그 머리를 들게 하고 그에게 좋게 말하고 그의 지위를 바벨론에 그와 함께 있는 모든 왕의 지위보다 높이고 그 죄수의 의복을 벗게 하고 그의 일평생에 항상 왕의 앞에서 양식을 먹게 하였고 그가 쓸 것은 날마다 왕에게서 받는 양이 있어서 종신토록 끊이지 아니하였더라"(왕하 25:27~30).

또한 바벨론으로 끌려간 유대인들은 비교적 안락한 생활을 할 수 있었습니다. 그들은 혈통을 보존할 수 있었으며, 자치 조직도 만들 수 있었고, 이주의 자유도 누렸습니다.

에스겔은 자기 집을 소유하기까지 하면서 이동했을 정도였습니다(겔 8:1). 포로로 끌려갔음에도 불구하고 그들은 서신의 특권도 누렸습니다. 덕분에 예레미야의 서신이 바벨론까지 무사히 전달될 수 있었던 것입니다.[33]

그들은 바벨론에서의 이러한 여러 혜택에도 불구하고 고향을 떠난 포로생활이라는 것만으로 충분히 모욕감을 느꼈으며, 특히 포로기 초기에 이러한 슬픔이 극심했습니다. 때문에 그들에게 에스겔의 사역이 필요했던 것입니다.

시간이 차츰 지나자 그들은 그곳에서 장로들의 지도 아래 종교적 공동체를 유지했습니다.[34] 회당[35]을 짓고 율법대로 제사를 드리고, 서기관들이 백성에게 율법을 가르치기 시작한 것입니다.

예루살렘 성전에서는 제사장들의 중요성이



33) 베르너 푀르스터, 『신구약 중간사』, 문희석 옮김(서울: 컨콜디아사, 2008), pp.17~18.

34) 레이몬드 설버그, 『신구약 중간사』, 김의원 옮김(서울: 기독교문서선교회, 1999), p.13.

35) 회당(synagogue)은 히브리어로는 베트 하테필라(בֵּית הַתְּפִלָּה, 기도하는 집), 베트 하크네세트(בֵּית הַכְּנֶסֶת, 집회하는 집), 베트 하미드라시(בֵּית הַמִּדְרָשׁ, 학습하는 집)의 뜻으로, 그리스어로는 '함께 모이다'(συνάγω)라는 뜻의 synagein에서 유래한 것으로써, 유대교에서 예배의식·집회·학습 장소로 쓰이는 공동체 예배당을 말함. 회당의 시작은 B.C.586년 솔로몬 성전이 파괴된 후 임시로 개인의 집들이 공공예배와 종교 교육 장소로 쓰이다가 회당이 생겼다는 견해와, 예루살렘 밖의 공동체 대표자들이 예루살렘 성전의 제사 의식에 참석할 때 그 의식을 직접 집행할 수 없기에 성전 경내에서 함께 모여 기도했는데, 이러한 유대인들의 관습에서 회당이 유래했다는 견해가 있음. 회당은 A.D.70년 티투스가 예루살렘 성전을 파괴하고 유대인들의 제사와 제사장 제도를 종식시킬 때까지 성전 의식과 함께 존재하면서 점점 늘어났으며, 유대인들의 종교 생활의 중심지가 됨. 회당들은 팔레스타인에만 있었던 것이 아니라 로마·그리스·이집트·바벨론·소아시아 등지에도 많았으며, 디아스포라 유대인 공동체는 어디서든 회당을 가지고 있었고, 그곳에서 매일 아침·점심·저녁에 예배를 드렸으며, 안식일과 종교 절기에는 특별한 의식을 행함.

강조되었었는데, 성전이 파괴된 후에는 회당에서 서기관들의 역할이 빛났습니다. 그들이 구전 전승들을 문서화하고, 성전에서 가져온 두루마리들을 필사하며, 거기에 이론적인 설명을 넣는 일까지 했기 때문입니다.

36) 폴 존슨, 『유대인의 역사 1』, 김한성 옮김(파주: 살림출판사, 2005), p.193.

37) Ibid., p.193.

그리고 율법을 단순히 모셔 놓고 필사하는 것으로 끝나는 것이 아니라, 가르쳐야 하는 일로 인식하면서 회당에서 율법 교육이 이루어졌습니다.[36] 포로로 끌려간 유대인 가운데 일부는 상인이 되었는데 그들은 상당한 부를 축적하게 되어 율법을 연구하고 가르치는 서기관들을 재정적으로 뒷받침해주었습니다.[37]

이렇게 70년이 지난 후, 바벨론으로 끌려간 포로들은 전보다 훨씬 더 월등한 사람들이 되어 예루살렘으로 돌아오게 됩니다. 그러나 애굽(이집트)으로 내려간 사람들은 이후 수백 년간 애굽에서 살면서 또다시 출애굽 이전 세대들처럼 노예가 됩니다. 예레미야를 통한 하나님의 경고를 무시하고 잘못된 방향으로 이주한 것에 대한 대가가 혹독했던 것입니다.

| 바벨론 포로 | 애굽으로 내려간 사람들 |
|---|---|
| 1,2,3차에 걸쳐 바벨론으로 끌려감(B.C.605, 598, 586). 70년후 다시 1,2,3차에 걸쳐 예루살렘으로 귀환함. | 바벨론에서 임명한 유대 총독 그달리야를 죽이고 애굽으로 내려감. 애굽에서 노예생활을 하다가 300년 후에 예루살렘으로 귀환함. |

그들은 헬라 제국 시대 프톨레미 왕조가 유대를 통치할 때 70인역(LXX)이 만들어지고 난 후 노예에서 해방되어 유대로 돌아오게 됩니다. 그들이 애굽(이집트)에서 보낸 세월은 장장 300여 년이나 되었습니다.

요세푸스[38]에 의하면 프톨레미 왕조의 프톨레미 2세
(Ptolemy Philadelphus Ⅱ)가 70인역(LXX)을 위해 유대인들을 존
중해주면서, 국가 예산을 들여 속량해주어 노예에서 해방
시켜준 유대인의 숫자는 12만 명에 이르렀다고 합니다.[39]
물론 이때 귀환한 노예 12만 명 가운데는 프톨레미 왕조
초기에 유대에서 끌어간 상당수의 유대인들도 포함되어
있었습니다.[40]

38) 천사무엘은, 요세푸스의 저서
들이 유대 역사를 공부하는 데 매
우 중요하고 신뢰할 만한 정보를
제공하지만, 그 내용들을 무비판적
으로 받아들이기는 어렵다고 주장
함. 요세푸스도 다른 역사가들처럼
역사서술 방식과 해석 그리고 편집
의도를 가지고 있을 뿐 아니라, 당
시 거의 모든 유대 저술가처럼 유
대교의 관습을 변증하려는 의도를
가지고 있었기 때문임.
천사무엘, 「요세푸스 역사이해」,
『신학사상: 121호』(서울: 한국신학연
구소, 2003), pp.236~237.

39) 플라비우스 요세푸스, 『요세푸
스Ⅱ: 유대 고대사』, 김지찬 옮김(서
울: 생명의말씀사, 2009), p.65.

40) 베르너 푀르스터, 『신구약 중
간사』, 문희석 옮김(서울: 컨콜디아
사, 2008), pp.43~44.

# 70년 만에 페르시아로부터 돌아온
# '유대인'

오랜 역사를 가진 애굽(이집트)과 520년간 상아시아의 주인이었던 앗수르 사이에서 마침내 월등하게 살아남아 근동의 대제국을 이룬 바벨론은 의외로(?) 70년 만에 제국의 문을 닫습니다. 이는 43년에 걸쳐 군사적으로 탁월하고 무서운 힘을 발휘했던 느부갓네살 왕이 죽고 난 후 그 뒤를 이은 왕들이 뛰어나지 못했기 때문입니다.

느부갓네살의 아들 마르둑(Amel-Marduk)은 2년(B.C.562~560)간 통치한 후, 그의 매부 네리글리살(Neriglissar)에 의해 살해됩니다. 마르둑을 죽이고 왕이 된 네리글리살이 죽은 후에는 네리그리살의 아들 라바시 마르둑(Labashi-Marduk)이 왕위를 계승하지만, 몇 개월 후 라바시 마르둑마저도 나보니두스(Nabonidus, B.C.556~539)를 포함한 신하들에게 암살당하고 맙니다. 그리고 왕권은 느부갓네살 가문에서 나보니두스 가문으로 옮겨가게 됩니다.[41]

하란 출신으로 아람 귀족의 아들인 나보니두스는 느부갓네살 이후 가장 유력한 통치자였습니다. 그러나 그는 마르둑(Marduk) 신을 섬기던 느부갓네살과 그의 가문과는 달리, 자신의 어머니가 섬겼던 신(Sin)이라는 달(月)신을 섬기면서 마르둑 제사장들의 분노를 샀으며 지지 기반을 잃어갔습니다.[42] 나보니두스는 심지어 그의 아들 벨사살에게 나라를 맡기고 자신은 종교생활을 위해 10년간이나 아라비아 사막에 있는 에돔의 남동쪽 테마(Tema)에 가서 기거하기까지 했습니다.

바벨론 백성에게는 오랜 전통이 있었는데 그것은 바로 매년 연례적으로 열리는 '아키투'(Akitu)라고 불리는 새해잔치(New Year's Festival)였습니다. 그런데 나보니두스가 10년 동안 사막에 가 있으면서 이 새해잔치가 중단되었던 것입니다. 그러자 처음에는 마르둑 제사장들이 나보니두스에 대한 불만을 드러냈는데, 나중에는 일반 백성까지 나보니두스를 싫어하게 되었습니다.[43]

문제의 심각성을 느낀 나보니두스가 B.C.539년 바벨론으로 돌아와 이 새해잔치를 부활하며 분위기를 쇄신하려 했으나, 이미 백성의 마음은 나보니두스에게서 떠나버렸습



41) 레온우드, 『이스라엘의 역사』, 김의원 옮김(서울: 기독교문서선교회, 1985), pp.422~423.

42) 존 브라이트, 『이스라엘의 역사(제4판)』, 엄성옥 옮김(서울: 은성, 2002), p.445.

43) 레온우드, 『이스라엘의 역사』, 김의원 옮김(서울: 기독교문서선교회, 1985), p.423.

니다. 이러한 상황이 전개되고 있을 때, 페르시아의 고레스(키루스 2세)가 오피스(Opis)에서 바벨론 군인들을 상대로 큰 승리를 거두었고, 여세를 몰아 바벨론 성으로 진격해왔을 때 마르둑 제사장들과 바벨론 백성은 오히려 성문을 열고 고레스를 해방자로 맞이한 것입니다.

고레스(키루스 2세)는 바벨론 백성이 이 새해잔치를 얼마나 중요하게 여기는지 잘 알았습니다. 그래서 고레스(키루스 2세)는 원정길에 오를 때 그의 아들 캄비세스를 바벨론에 머물게 하면서 이 새해잔치에 자신을 대신해 참석하게 할 정도였습니다. 캄비세스는 고레스(키루스 2세)를 대신해 여덟 번이나 이 새해잔치에 참석했습니다.[44]

이렇게 페르시아의 고레스(키루스 2세)에 의해 나라가 멸망하기 전까지 바벨론은 유대에서 끌어간 포로들을 다른 나라에서 끌어온 포로들과 구분하기 위해 '유대인'이라 불렀습니다. 그때로부터 히브리 민족, 이스라엘과 함께 '유

44) 찰스 F. 파이퍼, 『신구약 중간사』, 조병수 옮김(서울: 한국기독교교육연구원, 1982), p.28.

대인’이 등장하게 됩니다. ‘유대인의 상술’, ‘유대인의 탈
무드’ 등은 그래서 나온 말입니다.

구약성경에는 ‘유대인’이라는 말이 공식적으로 나타나지
는 않습니다. 바벨론으로 끌려가서 생겨난 말이기 때문입
니다. 구약성경에는 아브라함의 후손, 히브리 민족, 이스
라엘, 북이스라엘, 남유다까지만 나옵니다. ‘유대인’[45]이
라는 말은 이스라엘 백성이 바벨론으로 사로잡혀감(the
‘Exile’, 추방민, 유랑민, 망명객)으로써 이스라엘 백성의 역사 속
에 새로운 요인이 들어왔다는 사실을 시사해줍니다.

45) 베르너 푀르스터, 『신구약 중
간사』, 문희석 옮김(서울: 컨콜디아
사, 2008), p.15.

예레미야와 에스겔은 바벨론 포로기가 70년일 것이고, 이
는 하나님의 징계이기 때문에 달게 받고 다시 귀환할 때까
지 월등한 민족으로 살아남아야 할 것을 가르쳤습니다. 바
벨론의 유대인들은 예레미야와 에스겔의 조언을 따름으로
써 여타 민족과 달리 월등하게 살아남아 다니엘, 스룹바
벨, 학개, 스가랴, 에스라, 에스더, 느헤미야와 같은 인재
를 배출하게 됩니다.

**바벨론에서 출생한
월등한 유대인**

유대 총독 : 스룹바벨, 느헤미야
학사 : 에스라
선지자 : 학개, 스가랴
왕비 : 에스더

또한 이후 헬라 시대 프톨레미 왕조 때에 70인역(LXX)을
만들 수 있는 뛰어난 율법학자들도 바벨론에서 페르시아
시대를 거쳐 귀환한 포로의 후손들입니다. 그들은 율법지
식은 물론, 히브리어와 당시 세계 공용어였던 헬라어를 완
벽하게 숙지한 사람들이었습니다. 그때 애굽(이집트)에는
바벨론을 피해 도망했던 사람들의 후손들이 살고 있었지

만, 그들 가운데에는 율법지식을 가지고 있으면서, 동시에
히브리어를 헬라어로 번역할 만한 실력을 가진 사람이 없
었다는 것입니다.

"만군의 여호와 이스라엘의 하나님께서 예루살렘에서 바
벨론으로 사로잡혀 가게 한 모든 포로에게 이와 같이 말씀
하시니라 너희는 집을 짓고 거기에 살며 텃밭을 만들고 그
열매를 먹으라 아내를 맞이하여 자녀를 낳으며 너희 아들
이 아내를 맞이하며 너희 딸이 남편을 맞아 그들로 자녀를
낳게 하여 너희가 거기에서 번성하고 줄어들지 아니하게
하라 너희는 내가 사로잡혀 가게 한 그 성읍의 평안을 구
하고 그를 위하여 여호와께 기도하라 이는 그 성읍이 평안
함으로 너희도 평안할 것임이라 만군의 여호와 이스라엘
의 하나님께서 이와 같이 말씀하시니라 너희 중에 있는 선
지자들에게와 점쟁이에게 미혹되지 말며 너희가 꾼 꿈도
곧이 듣고 믿지 말라 내가 그들을 보내지 아니하였어도 그
들이 내 이름으로 거짓을 예언함이라 여호와의 말씀이니
라 여호와께서 이와 같이 말씀하시니라 바벨론에서 칠십
년이 차면 내가 너희를 돌보고 나의 선한 말을 너희에게
성취하여 너희를 이 곳으로 돌아오게 하리라"(렘 29:4~10).

때문에 하나님은 예레미야를 통해 '바벨론 포로생활'이
재앙이 아니라 평안이고, 장래에 소망을 주기 위함이라고
하셨던 것입니다.

"여호와의 말씀이니라 너희를 향한 나의 생각을 내가 아나니 평안이요 재앙이 아니니라 너희에게 미래와 희망을 주는 것이니라 너희가 내게 부르짖으며 내게 와서 기도하면 내가 너희들의 기도를 들을 것이요 너희가 온 마음으로 나를 구하면 나를 찾을 것이요 나를 만나리라 이것은 여호와의 말씀이니라 나는 너희들을 만날 것이며 너희를 포로된 중에서 다시 돌아오게 하되 내가 쫓아 보내었던 나라들과 모든 곳에서 모아 사로잡혀 떠났던 그 곳으로 돌아오게 하리라 이것은 여호와의 말씀이니라"(렘 29:11~14).

하나님의 말씀대로 70년 만에 바벨론은 페르시아 제국에 의해 완전히 멸망합니다. 페르시아는 그렇게 화려했던 바벨론 성을 모두 파괴했고, 성벽을 허물어버렸으며, 100개나 되었던 청동문은 다 떼어내어 모두 불에 녹여버렸습니다.[46]

그러나 페르시아 왕 고레스(키루스 2세)는 유대인들에 대해서는 예루살렘으로의 귀환 명령을 내리고 페르시아의 국고로 예루살렘 성전까지 다시 건축하게 해줍니다.

"바사의 고레스 왕 원년에 여호와께서 예레미야의 입으로 하신 말씀을 이루시려고 여호와께서 바사의 고레스 왕의 마음을 감동시키시매 그가 온 나라에 공포도 하고 조서도 내려 이르되 바사 왕 고레스가 이같이 말하노니 하늘의 신 여호와께서 세상 만국을 내게 주셨고 나에게 명령하여 유



[46] 헤로도토스, 『역사(상)』, 박광순 옮김(서울: 범우사, 2005), p.368.

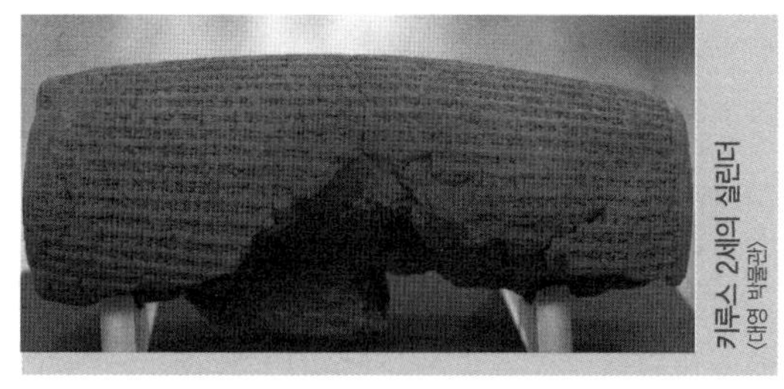


다 예루살렘에 성전을 건축하라 하
셨나니 너희 중에 그의 백성된 자는
다 올라갈지어다 너희 하나님 여호
와께서 함께 하시기를 원하노라 하
였더라"(대하 36:22~23).

고레스(키루스 2세) 왕이 예루살렘으로의 귀환을 허락하는
조서는 히브리어로는 에스라 1장 2절에서 4절에 나타나
있고, 아람어로는 에스라 6장 3절에서 5절에 나타나 있습
니다.[47] 아람어로 된 조서가 좀 더 완전한 형태로 남아 있
다고 합니다. 고레스(키루스 2세)의 원통 석인으로 알려진 유
명한 점토 서판에 보면, 포로로 잡혀온 사람들에 대한 특
별한 배려가 이 개화된 임금의 전형적인
특징이었음이 분명하게 나타나고 있습
니다.[48]

바벨론으로 끌려갈 때 3차에 걸쳐 끌려
갔듯이 페르시아로부터의 귀환도 3차에
걸쳐 이루어집니다.

> 1차 귀환 – B.C.537년 귀환 지도자
> : 스룹바벨, 학개, 스가랴
> 2차 귀환 – B.C.458년 귀환 지도자
> : 에스라
> 3차 귀환 – B.C.445년 귀환 지도자
> : 느헤미야

**47)** 에스라 1장 2~4절

וְהוּא־פָקַד עָלַי כֹּה אָמַר כֹּרֶשׁ מֶלֶךְ פָּרַס כֹּל מַמְלְכוֹת הָאָרֶץ
נָתַן לִי יְהוָה אֱלֹהֵי הַשָּׁמָיִם
לִבְנוֹת־לוֹ בַיִת בִּירוּשָׁלַם אֲשֶׁר בִּיהוּדָה:
וִיבֶן אֶת־בֵּית יְהוָה מִי־בָכֶם מִכָּל־עַמּוֹ יְהִי אֱלֹהָיו עִמּוֹ וְיַעַל
לִירוּשָׁלַם אֲשֶׁר בִּיהוּדָה
אֱלֹהֵי יִשְׂרָאֵל הָאֱלֹהִים אֲשֶׁר בִּירוּשָׁלָם:
וּבְזָהָב וּבִרְכוּשׁ וְכָל־הַנִּשְׁאָר מִכָּל־הַמְּקֹמוֹת אֲשֶׁר הוּא גָר־שָׁם
יְנַשְּׂאוּהוּ אַנְשֵׁי מְקֹמוֹ בְּכֶסֶף
בִּירוּשָׁלָם: וּבְהֵמָה עִם־הַנְּדָבָה לְבֵית הָאֱלֹהִים אֲשֶׁר

에스라 6장 3~5절

בְּיִתָא יִתְבְּנֵא אֲתַר בְּשְׁנַת חֲדָה לְכוֹרֶשׁ מַלְכָּא כּוֹרֶשׁ מַלְכָּא שָׂם
טְעֵם בֵּית־אֱלָהָא בִירוּשְׁלֶם
פָּתְיֵהּ אַמִּין שִׁתִּין: דִּי־דִבְחִין דִּבְחִין וְאֻשּׁוֹהִי מְסוֹבְלִין רוּמֵהּ אַמִּין
שִׁתִּין
מַלְכָּא תִּתְיְהִב: נְדִבָּכִין דִּי־אֶבֶן גְּלָל תְּלָתָא וְנִדְבָּךְ דִּי־אָע חֲדַת
וְנִפְקְתָא מִן־בֵּית
דִּי־בִירוּשְׁלֶם וְהֵיבֵל וְאַף מָאנֵי בֵית־אֱלָהָא דִּי דַהֲבָה וְכַסְפָּא דִּי
נְבוּכַדְנֶצַּר הַנְפֵּק מִן־הֵיכְלָא
בְּבֵית אֱלָהָא: ס לִבְבֶל יַחֲתִיבוּן וִיהָךְ לְהֵיכְלָא דִי־בִירוּשְׁלֶם
לְאַתְרֵהּ וְתַחַת

**48)** 문희석, 『구약석의 방법론』(서울: 대한기독교출판사, 1982),
p.252.

1차 귀환이 어느 정도 큰 무리였는지는 사실 정확하게는 알 수 없습니다. 에스라 2장과 느헤미야 7장에는 42,360명이라고 되어 있지만, 올브라이트는 첫 귀환 직후의 인구가 2만 명을 넘지 못했을 것으로 추산된다고 주장합니다. 그 중에는 4,229명의 제사장이 포함되어 있었습니다.[49]

페르시아로부터 귀환한 유대인들은 유대 본토에 남아 있던 동족들과 함께 예루살렘 주변 유대인의 거주 지역에 거주했으며, '예후딤'(Yehudim)이라고 불리는 유대인 국가를 형성하였습니다. B.C.586년에 완전히 파괴된 성전을 유대인들은 귀환한 지 일곱째 달이 된 때에 재건하기 시작했습니다.[50]

2차 귀환은 에스라와 함께 페르시아 제국에 있던 이스라엘 자손과 제사장들, 레위 사람들, 노래하는 자들, 문지기들, 느디님 사람 중 약 1,500여 명이 동행했습니다.[51] 에스라는 페르시아에서 출발한 지 7개월 만에 예루살렘에 도착해서 지체하지 않고 그의 일, 즉 율법을 읽고 해석하고 그것을 시행하는 일을 시작해 예루살렘을 새롭게 재건해 나갔습니다.

그리고 3차 귀환 때에는 페르시아 왕에게 12년간의 휴가를 받은 느헤미야가 자신을 따르는 소수를 데리고 온 것 같습니다.

49) 문희석, 『구약석의 방법론』(서울: 대한기독교출판사, 1982), pp.307~308.

50) 레이몬드 설버그, 『신구약 중간사』, 김의원 옮김(서울: 기독교문서선교회, 1999), p.14.

51) 챨스 F. 파이퍼, 『신구약 중간사』, 조병수 옮김(서울: 한국기독교교육연구원, 1982), p.60.
레이먼드 설버그는 2차 귀환자를 1,700명으로 봄.
레이몬드 설버그, 『신구약 중간사』, 김의원 옮김(서울: 기독교문서선교회, 1999), p.15.

에스라 선지자 - P. 베루게테 作

52) 베르너 피르스터, 『신구약 중간사』, 문희석 옮김(서울: 컨콜디아사, 2008), p.32.

고레스(키루스 2세)는 예루살렘으로의 귀환 명령을 내린 뒤 1년 후에 예루살렘 성전의 재건을 위하여 느부갓네살이 약탈해갔던 성전의 기물들까지 반환해줍니다.[52] 그러나 이것이 유대의 정치적 회복은 아니었습니다. 예루살렘의 회복은 경제성에 기반을 둔 대제국 페르시아의 지방화 정책의 일환이었습니다.

"이스라엘의 하나님은 참 신이시라 너희 중에 그의 백성 된 자는 다 유다 예루살렘으로 올라가서 이스라엘의 하나님 여호와의 성전을 건축하라 그는 예루살렘에 계신 하나님이시라 그 남아 있는 백성이 어느 곳에 머물러 살든지 그 곳 사람들이 마땅히 은과 금과 그 밖의 물건과 짐승으로 도와 주고 그 외에도 예루살렘에 세울 하나님의 성전을 위하여 예물을 기쁘게 드릴지니라 하였더라 …… 고레스 왕이 또 여호와의 성전 그릇을 꺼내니 옛적에 느부갓네살이 예루살렘에서 옮겨다가 자기 신들의 신당에 두었던 것이라"(스 1:3~4,7).

# 어떻게 우리를 사랑하셨나이까?

70년간 바벨론으로 포로로 끌려갔던 유대인들이 3차에 걸쳐 귀환하자, 황폐했던 예루살렘은 다시 활기를 되찾게 됩니다. 솔로몬 성전에 비하면 초라하기 이를 데 없지만 그래도 예루살렘 성전을 재건했고, 느헤미야가 예루살렘 총독으로 부임해서는 150년 전 바벨론 군인들이 모두 허물어버렸던 예루살렘 성벽까지 다시 쌓아 그런대로 안전한 곳으로 탈바꿈하게 됩니다.

특히 2차 포로귀환의 지도자 에스라는 페르시아 왕으로부터 주목할 만한 특권을 부여받습니다. 그 특권은 바로 예루살렘으로 돌아가기를 원하는 사람들을 데려갈 수 있는 권한과, 예루살렘 성전을 위한 기금을 페르시아 제국 국고

53) 레온우드, 『이스라엘의 역사』, 김의원 옮김(서울: 기독교문서선교회, 1985), p.439.

에서 받아 쓸 수 있는 권한, 성전에 쓰일 동물들을 살 수 있는 권한, 성전에서 일하는 사람들을 페르시아 세금 납부로부터 면제시키는 권한, 그리고 유대 땅에서 치안판사를 임명하여 여호와의 율법을 지키게 하고 범하는 자의 생명을 다룰 수 있게 하는 권한 등이었습니다.[53]

에스라가 이와 같은 놀라운 권한을 가질 수 있었던 것은 유대인들이 바벨론에서 포로생활을 하면서 예레미야의 편지와 에스겔을 통해 들려주시는 하나님의 말씀에 귀 기울이고, 회당을 통해 율법을 공부하며, 하나님의 말씀대로 타민족에 비해 월등하게 살아남았기 때문입니다.

3차 포로귀환의 지도자 느헤미야는 페르시아의 왕 아닥사스다가 그의 청을 들어주었을 뿐 아니라, 예루살렘에서의 일을 마치고 다시 돌아와 페르시아 왕궁에서 일해 달라는 요청을 받을 만큼 뛰어난 인재였음을 보여줍니다. 느헤미야의 능력은 예루살렘 성벽 공사에서 여실히 드러납니다.

예루살렘 폐허를 둘러보는 느헤미야
- 제임스 티소 作

느헤미야는 예루살렘에 도착해서 3일 이내에 밤에 몰래 나가 성을 탐색했습니다. 느헤미야의 의도가 반대파들에게 새어나가지 않게 하기 위함이었습니다. 그전에도 반대파들은 바벨론에서 귀환한 사람들의 일(성전건축)을 방해했던 경력이 있기 때문입니다.



A BLANK PAGE FULL OF HISTORY

느헤미야는 추진력 있게 성벽건축을 시작하지
만, 반대파들의 방해 또한 만만치 않았습니다.
그동안 유대가 쇠약했을 때 사마리아가 큰 이
득을 보고 있었기 때문에 그들은 유대의 회복
을 방해했던 것입니다.

특히 사마리아 총독 호른 사람 산발랏은 느헤
미야를 반대하는 데 앞장섰습니다. 산발랏은
암몬의 총독 도비야의 도움까지 받고 있었기

때문에 느헤미야를 충분히 저지할 수 있다고 생각했었습
니다. 또한 아라비아 사람 게셈(Gashmu)도 느헤미야의 반
대세력이었습니다.

요세푸스에 의하면,[54] 암몬 사람들과 모압 사람들, 그리고
사마리아 사람들과 코엘레 수리아 사람들까지 느헤미야가
주도하는 성벽건축을 방해했다고 합니다. 그들은 많은 유
대인들을 살해하기까지 했으며 이방인들을 고용하여 느헤
미야를 살해하려는 음모를 꾸미기까지 했습니다.

그러나 느헤미야는 백성을 무장시키며 일을 진행시켰고,
500보마다 나팔수를 두어 경계를 게을리하지 않았으며,
밤에도 공사 지역을 떠나지 않고 지켰을 뿐더러, 자신을
암살하려는 사람들의 꾐에도 넘어가지 않았습니다. 그리
고 마침내 52일 만에(요세푸스는 2년 4개월이라고 주장함[55]) 예루
살렘 성벽공사를 마쳤습니다.

54) 플라비우스 요세푸스, 『요세푸
스 II: 유대 고대사』, 김지찬 옮김(서
울: 생명의말씀사, 2009), p.36.

55) 플라비우스 요세푸스, 『요세푸
스 II: 유대 고대사』, 김지찬 옮김(서
울: 생명의말씀사, 2009), p.36.

예루살렘 성벽공사를 마친 후 페르시아 아닥사스다 왕은 느헤미야를 유대총독으로 임명하여 12년간(아닥사스다 왕 재위 20년에서 32년까지) 봉직하게 합니다. 그리고 페르시아로 돌아가 다시 왕의 일을 1,2년간 한 것 같습니다.

그러나 느헤미야가 떠나자 예루살렘에 다시 옛날의 문제들이 출현하기 시작했습니다. 이를 걱정하는 느헤미야를 위해 페르시아의 왕은 느헤미야를 다시 예루살렘으로 보냅니다.[56]

다시 예루살렘으로 돌아온 느헤미야는 엄격한 안식일 준수를 재차 강조하고, 산발랏의 딸과 결혼했던 제사장 엘리아십의 무관심 속에 암몬 사람 도비야가 꾸민 방을 성전 뜰 밖으로 옮기게 했습니다.[57] 그러자 느헤미야를 두려워한 도비야가 일행을 데리고 그의 장인이 거하는 사마리아로 도망해버렸습니다.

그런데 놀랍게도 이후에 사마리아로 도망한 도비야 일행이 가장 오래된 히브리어 성경의 필사본을 남깁니다. 그 히브리어 성경 필사본이 바로 사마리아 오경(the Samaritan Pentateuch)입니다. 이때 사마리아로 도피했던 사람들은 그리심 산 위에 신전을 건축했습니다.[58] 이 신전은 후에 하스몬 왕조의 요한 힐카누스가 사마리아를 정복하면서 파괴해버립니다.[59]

56) 레온우드, 『이스라엘의 역사』, 김의원 옮김(서울: 기독교문서선교회, 1985), p.448.

57) 느헤미야 13장 6~9절

58) 레이몬드 설버그, 『신구약 중간사』, 김의원 옮김(서울: 기독교문서선교회, 1999), p.16.

59) 브루스 M. 메츠거, 『신약성서개설』, 나채운 옮김(서울: 대한기독교출판사, 1983), p.18.

이렇게 월등한 지도자들과 함께 페르시아로부터 귀환한 유대인들은 예루살렘 성전과 성벽공사를 끝내고 에스라와 느헤미야의 지도하에 하나님의 말씀으로 회복되어집니다. 그런데 안타깝게도 시간이 지나면서 더 이상 우상을 섬기지는 않지만, 하나님을 섬기는 열정이 식어가면서 냉소적인 신앙으로 바뀌게 됩니다. 하나님께 제사를 드리기는 하는데 마음은 없고 형식적인 제사로 그 내용이 바뀌게 된 것입니다.

그들은 페르시아가 파견한 총독에게 바치는 세금은 나름대로 신경 쓰면서도, 하나님께는 용납될 수 없는 제사를 드렸습니다. 그리고 유대인 아내와 이혼하고 이방여인과 결혼하는 일, 마술, 간음, 거짓맹세, 가난한 자와 과부와 고아와 나그네에 대한 억압, 하나님의 십일조와 제물을 도적질하는 일을 행했습니다.[60]

하나님은 페르시아로부터 귀환한 유대인들이 '제사장 나라'의 사명을 깨닫고 회복할 것이라 기대하셨습니다. 그러나 그들의 행태는 안타깝게도 위와 같습니다. 이에 하나님께서 말라기 선지자를 통해 유대인들에게 대화를 시작하십니다. 먼저 하나님께서 대화의 포문을 여신 것입니다.

"내가 너희를 사랑하였노라"[61]

60) 아놀드 B. 로드스, 『통독을 위한 성서해설』, 문희석, 황성규 옮김 (서울: 대한기독교출판사, 1977), p.257.

61) 말라기 1장 2절

그러자 유대인들은 오히려 냉소적으로 시큰둥하게 되묻습
니다.



"주께서 어떻게 우리를 사랑하셨나이까?"[62]

너무나 쓸쓸한 장면이 아닐 수 없습니다. 그리고 구약성경
은 이렇게 끝이 납니다. 그러나 신구약 중간기 400년을 지
나면, 하나님께서는 "이렇게 너희를 사랑한다."라고 대답
하시기 위해 그의 아들 예수 그리스도를 이 땅에 내려보내
십니다.

# CHAPTER 2

# 헬라 제국과 신구약 중간사

# 페르시아와 그리스의 전쟁

메대(메디아)와 바사(페르시아)를 통일하고 당시 근동에서 가장 부유했던 리디아를 삼킨 페르시아의 고레스(키루스 2세 B.C.559~530) 왕은 그리스인들이 이주해 살고 있던 이오니아 지방과 에게 해에서 동쪽으로 인도에 이르는 광활한 영토를 차지하고, 마침내 바벨론 제국까지 점령하여 명실공히 대제국의 주인이 됩니다. 고레스(키루스 2세)가 왕이 되어 리디아를 정복하기 전까지 페르시아는 시장도 없고 사치와 낭비도 찾아볼 수 없을 만큼 가난한 나라였습니다.[1]

그런데 그 이후 페르시아는 황금의 제

1) 헤로도토스, 『역사(상)』, 박광순 옮김(서울: 범우사, 2005), p.65.

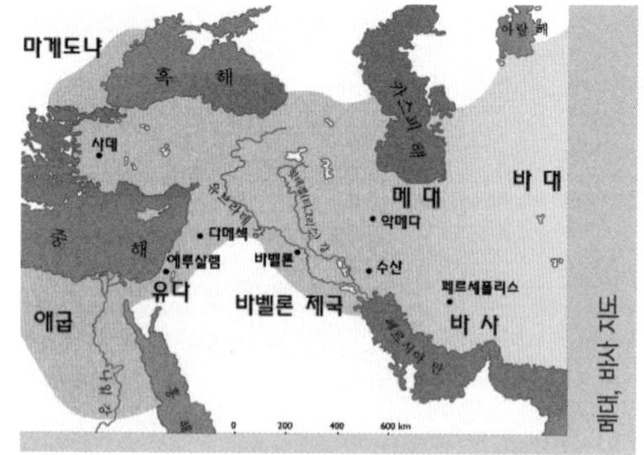

국이라는 별명을 얻을 만큼 부유한 나라가 됩니다. 이는 고레스(키루스 2세) 왕이 바벨론 제국의 정책이었던 중앙집중화를 채택하지 않고, 오히려 지방화 정책을 펼쳐 바벨론이 여러 나라에서 끌어왔던 포로들을 돌려보냈기 때문입니다. 이 정책은 광활한 제국에서 각 지역의 경제를 활성화시켜 많은 세금을 거두어들이는 데 상당히 효율적이었습니다. 그 좋은 예가 바로 70년간 황폐했던 예루살렘의 활성화입니다.

2) 헤로도토스, 『페르시아 전쟁사』, 우위편 엮음, 강은영 옮김(서울: 시그마북스, 2007), pp.184~185.

3) 필립 드 수자, 발데마르 헤켈, 로이드 루엘린–존스, 『그리스 전쟁』, 오태경 옮김(서울: 플래닛미디어, 2009), p.43.

'아버지'로 불리며 페르시아인들의 존경을 한 몸에 받으면서 29년간 통치했던 고레스(키루스 2세)가 죽자, 그의 아들 캄비세스가 페르시아 제국의 두 번째 왕이 됩니다. 그는 7년 5개월이라는 짧은 기간 동안 통치했음에도 불구하고 이집트 정복이라는 대업을 이루었습니다.[2] 그러나 캄비세스는 젊은 나이에 후사도 없이 죽고 말았습니다.[3]



그러자 페르시아는 나라의 중진 7명 가운데 새 왕을 선출했는데, 거기에서 선출된 사람이 바로 다리오(다레이오스 B.C.522~486) 왕입니다. 다리오(다레이오스)는 왕으로 선출되기 전 이미 총독직을 경험한 노련한 정치인이었습니다.

다리오(다레이오스)는 왕의 자리에 오르기 전에 이미 결혼하여 여러 자식을 두었음에도, 페르시아 왕으로서의 정통성을 가지기 위해 고레스(키루스 2세)의 딸, 아토사를 또다시 아내로 맞이했습니다. 다리오(다레이오스) 왕과 아토사와의 사


A BLANK PAGE FULL OF HISTORY

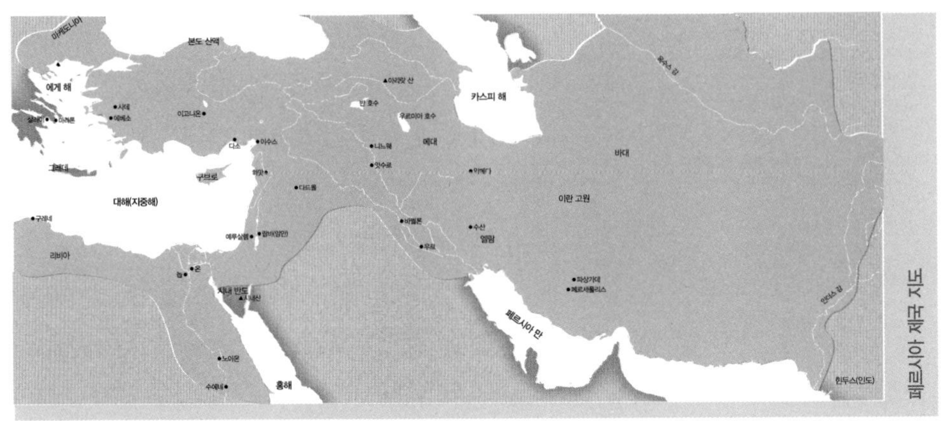



이에서 태어난 장남이 바로 에스더의 남편 아하수에로(크세르크세스) 왕입니다.

크세르크세스(Xerxes)는 페르시아식 표현으로는 크사야르사(Khshayarsha)로, 히브리식 표현으로는 아하수에로(Ahasuerus)라고 불립니다. 아하수에로(크세르크세스) 왕은 다리오(다레이오스) 왕에게 왕위를 계승받기 전 12년 동안 이미 부왕으로 아버지를 보좌했습니다.[4]

4) 찰스 F. 파이퍼, 『신구약 중간사』, 조병수 옮김(서울: 한국기독교교육연구원, 1982), p.50.

페르시아 제국은 아하수에로(크세르크세스) 왕 때 역사상 가장 넓은 제국을 거느리게 됩니다. 그 당시 페르시아의 영토는 동쪽으로는 현재 파키스탄, 서쪽으로는 중앙아시아와 서아시아, 북쪽으로는 마케도니아, 남쪽으로는 시나이 반도를 거쳐 이집트까지 뻗어 있었습니다. 왕국의 길이는 대략 6,400km였고, 총 면적은 480만km²이었으며, 인구는 2천여만 명에 이르러 현재 미국 대륙과 맞먹을 정도였습니다.[5]

5) 베리 스트라우스, 『살라미스 해전』, 이순호 옮김(서울: 갈라파고스, 2006), pp.79~80.

**페르시아의 그리스 침공**

- B.C.492년 제1차
  다리오(다레이오스 1세)
  : 폭풍을 만나 제대로 공격
  한 번 못하고 퇴각.
- B.C.490년 제2차
  다리오(다레이오스 1세)
  : 마라톤 전투(그리스 승리).
- B.C.480년 제3차
  아하수에로(크세르크세스)
  : 살라미스 해전(그리스 승리).

6) 존 워리, 『서양 고대 전쟁사 박
물관』, 임웅 옮김(서울: 르네상스,
2006), pp.38~39.

**마라톤(marathon)**
B.C.490년 아테네가 페르시아를
물리쳤다는 소식을 전하기 위해
마라톤 평원에서 아테네 시내까
지 약 40㎞에 이르는 거리를 달
린 아테네 병사를 기리면서 시작
된 경기가 바로 마라톤입니다. 마
라톤은 1896년 그리스 아테네에
서 올림픽 대회가 다시 열리게
되었을 때 처음 실시되었고,
1924년 올림픽 때에 42.195㎞로
확정되었습니다.
그런데 마라톤이 정확하게
42.195km가 된 것은 다름 아닌
1908년 올림픽 대회 때 마라톤
경주를 윈저 궁에서 출발하여 런
던 스타디움 로열박스 앞을 결승
선으로 하겠다는 영국 올림픽 위
원회의 결정 때문이었습니다.

그런데 이 다리오(다레이오스) 왕과 그의 아들 아하수에로(크세르크세스) 왕이 연거푸 그리스를 침략하러 갔다가 모든 전쟁에서 지는 바람에 페르시아 제국은 힘을 잃어가게 되고, 결국 다리오(다레이오스) 3세 때에 그리스 북쪽에 있는 마케도니아의 알렉산더에게 제국의 자리를 내어 주게 됩니다. 첫 번째와 두 번째 그리스 침공은 다리오(다레이오스) 왕이, 세 번째 그리스 침공은 아하수에로(크세르크세스) 왕이 한 일입니다.

B.C.492년 다리오(다레이오스) 왕의 첫 번째 그리스 침공은 제대로 공격 한 번 해보지 못하고 심한 폭풍으로 인해 페르시아 함대 300여 척이 침몰하고 되돌아오고 맙니다. B.C.490년 다리오(다레이오스) 왕의 두 번째 그리스 침공은 그리스에게 놀라운 승리를 안겨준 그 유명한 마라톤 전투(Battle at Marathon)입니다.[6] 마라톤 전투는 그리스 병사가 그리스의 승리를 알리기 위해 전투장소에서 아테네까지 달려갔던 것이 마라톤(Marathon)의 기원이 된 전쟁입니다.

다리오(다레이오스) 왕이 죽은 후, 아버지의 유업을 이어받은 아하수에로(크세르크세스) 왕이 다시금 그리스로 쳐들어가 치른 전쟁이 바로 세계 4대 해전 가운데 하나인 살라미스 해전(Battle of Salamis/ B.C.480)입니다.[7]

아하수에로(크세르크세스) 왕은 46개국에서 군대를 모아 1,207척의 전함과 50개나 되는 노로 항진하는 특별 대형 선박들을 이끌고 그리스를 침공했으나, 살라미스 해전에서 그리스 연합군에게 또 패하고 말았습니다.[8]

아하수에로(크세르크세스) 왕은 살라미스 해전에서 그리스 연합군에게 크게 패했으나 그때까지도 지상군은 여전히 그대로 남아 있었습니다. 그래서 아하수에로(크세르크세스) 왕은 그의 부하장수 마르도니우스(Mardonius)에게 지상군을 위임했습니다. 그러나 지상군마저도 플라타이아 전투(Plataeae/ B.C.479)와 미칼레 전투(Mykale/ B.C.479)에서 그리스 연합군에게 굴욕적인 패배를 당하고 살아남은 소수만이 페르시아로 돌아갔습니다.

〈300〉이라는 영화에서 아주 무시무시하게 분장한 배우가 아하수에로(크세르크세스) 왕의 역할을 연기해서 매우 당황스러웠습니다. 그 영화를 보면서 저는 내내 '저렇게 무섭

7) 윤지강, 『세계 4대 해전』(고양: 느낌이있는책, 2007), p.92. B.C.480년의 살라미스 해전, 1588년의 칼레 해전, 1592년의 한산도 해전, 1805년의 트라팔가르 해전

8) 찰스 F. 파이퍼, 『신구약 중간사』, 조병수 옮김(서울: 한국기독교교육연구원, 1982), p.52.

〈300〉 영화 포스터

게 생긴 사람이 에스더 남편이었나?' 하고 생각했습니다.

레온우드는 아하수에로(크세르크세스) 왕이 4년간의 그리스 원정을 마치고 돌아온 후 재위 7년째에 에스더를 왕비로 맞이했다고 기록하고 있습니다.[9] 어쨌든 예루살렘으로의 1차 귀환과 2차 귀환 사이의 사건이 바로 에스더 이야기입니다. 아하수에로(크세르크세스) 왕은 즉위한 지 20년째에 자신의 친위대장 아르타바누스에게 암살당해 죽습니다.

그리고 에스더 이야기 이후 이어지는 3차 포로귀환의 지도자 느헤미야는 아하수에로(크세르크세스, Xerxes) 왕이 죽고, 그의 아들 아닥사스다(아르타크세르크세스, Artaxerxes)가 왕이었을 때의 일입니다.

9) 레온우드, 『이스라엘의 역사』, 김의원 옮김(서울: 기독교문서선교회, 1985), p.450.



A BLANK PAGE FULL OF HISTORY

# 그리스 도시국가들의 전쟁

그리스 도시국가들은 세 차례(물론, 첫 번째 침공은 몬스터 폭풍[10] 이 막아주었지만)에 걸친 대제국 페르시아의 침공에도 불구하고 하나로 뭉쳐 연합을 통해 놀라운 승리를 거두었습니다. 페르시아와의 전쟁에서 거둔 승리는 그리스에게 동지중해의 지배권을 안겨주었습니다.

그런데 모든 제국들의 역사가 그러하듯이 전쟁에서 승리한 후 분배가 시작되면, 이상하리만큼 갑자기 다들 '내전'을 비롯한 여러 형태로의 내리막길을 걷게 됩니다. 그리스는 제국(?)도 아니었으면서, 이전의 제국들이 몰락해가며 보여주었던 마지막 장면을 그들도 따라했습니다.

10) 베리 스트라우스, 『살라미스 해전』, 이순호 옮김(서울: 갈라파고스, 2006), p.50.

그리스 연합군은 페르시아와의 전쟁에서 승리를 했지만, 언제든 페르시아의 재침공은 발발할 수 있었습니다. 그래서 그리스 도시국가들은 페르시아의 재침공에 대비해 기금을 마련했는데, 아테네가 이 기금을 사적으로 사용(페리클레스가 이 기금을 델로스 섬에서 가져와 보관하고 있다가 아테네에 파르테논 신전을 건립하는 데 사용했음)하면서 동맹국들의 비난을 사기 시작했습니다.[11]

11) 플루타르코스, 『플루타르크 영웅전 I 』, 홍사중 옮김(서울: 동서문화사, 2007), p.282.

페르시아와의 전쟁에서도 드러났지만, 그리스 도시국가들 가운데 아테네는 해군이 강했고 스파르타는 육군이 강했습니다. 특히 살라미스 해전의 승리는 해군력이 강했던 아테네에게 큰 공이 돌아갔습니다.

때문에 다가올 전쟁에 대비한 기금에 대해 아테네의 입김이 강했던 것입니다. 페리클레스(Pericles, B.C.495~429)가 이 기금을 아테네의 신전을 짓는 데 사용한 것은 페르시아 군대의 침략을 아테네가 막아주는 한, 그 돈은 어떻게 써도 상관이 없다는 논리를 폈던 것입니다.[12]

12) 플루타르코스, 『플루타르크 영웅전 I 』, 홍사중 옮김(서울: 동서문화사, 2007), p.283.

거기에 더해 아테네가 그리스 도시국가들 가운데 가장 큰 항구도시인 고린도(코린트)까지 지배하려 하자, 스파르타를 비롯한 도시국가들이 마침내 전쟁을 일으킨 것입니다.[13]

13) 버나드 로 몽고메리, 『전쟁의 역사』, 승영조 옮김(서울: 책세상, 2009), p.68.

이 전쟁을 역사는 '펠로폰네소스 전쟁'(Peloponnesian War)이라고 말하며, 아테네 출신 투키디데스(Thucydides)가 이 전쟁에 대해 『펠로폰네소스 전쟁사』라는 저서를 남김으로 오늘날까지도 잘 알려져 있습니다. 투키디데스는 이 전쟁을 기록하면 이후 어떤 전쟁도 예견하는 데 도움을 줄 수 있을 것이라 생각했기에[14] 27년간의 전쟁기록을 상세히 저술해 역사에 남겼습니다.

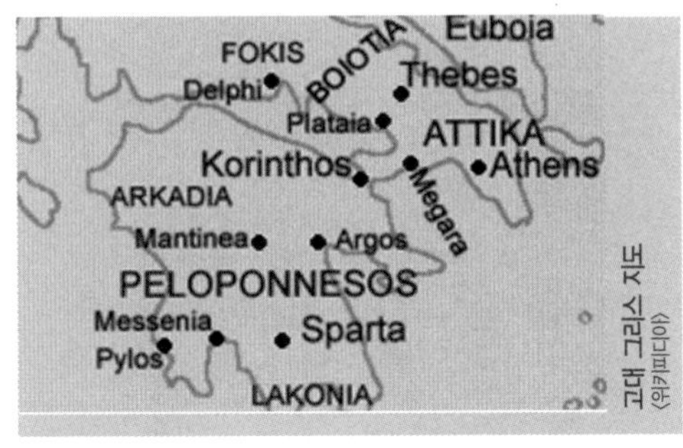

고대 그리스 지도 〈아가페〉

14) 투키디데스, 『펠로폰네소스 전쟁사(상)』, 박광순 옮김(서울: 범우사, 1993), p.12.

B.C.431년에서 B.C.404년까지 27년에 걸쳐 진행된 이 펠로폰네소스 전쟁은 마치 로마와 카르타고와의 전쟁인 '포에니 전쟁'처럼 3단계로 진행되었습니다.

1차 단계(B.C.431~421)는 '스파르타의 아테네 침공' 입니다. 아테네는 페리클레스(B.C.495~429)의 지휘 아래 아테네 시를 수비하면서 스파르타에 대해 굳게 방어를 했습니다. 그런데 마침 그때 아테네 시내에 전염병이 돌게 된 것입니다. 이 전염병은 페리클레스와 수많은 아테네 시민들을 죽음으로 몰아넣었습니다.[15] 페리클레스마저 죽자, 아테네는 혼란에 빠지게 되고 1차 펠로폰네소스 전쟁의 승리는 스파르타가 차지하게 된 것입니다.

펠로폰네소스 전쟁의 2차 단계(B.C.421~415)는 양측이 휴전협정을 맺고 전쟁 이전 상태로 회복하기로 한 것입니다.

15) 플루타르코스, 『플루타르크 영웅전 I』, 홍사중 옮김(서울: 동서문화사, 2007), p.307.

**펠로폰네소스 전쟁**
- 1단계(B.C.431~421)
스파르타의 아테네 침공.
- 2단계(B.C.421~415)
아테네와 스파르타 휴전협정 후 전쟁 이전 상태로 회복하기로 함.
- 3단계(B.C.415~404)
스파르타가 아테네를 점령. 아테네 성 파괴, 아테네의 모든 함대를 빼앗음. 이 전쟁으로 말미암아 지중해 지역에서의 그리스 문명의 종말을 가져오게 함.

16) 필립 드 수자, 발데마르 헤켈, 로이드 루엘린–존스, 『그리스 전쟁』, 오태경 옮김(서울: 플래닛미디어, 2009), p.177.

그러나 아테네가 시칠리아 내전에 개입하고 원정군을 보냄으로 다시 큰 전쟁(B.C.415~404)으로 확대되었는데 이것이 펠로폰네소스 전쟁의 세 번째 단계입니다.[16]

17) 정토웅, 『세계전쟁 다이제스트 100』(서울: 가람기획, 2010), p.38.

특히 3차 전쟁에서는 스파르타가 아테네와 싸우느라 과거의 적이었던 페르시아를 끌어들여 페르시아의 도움으로 육전과 해전을 치르고 이긴[17] 전쟁이었습니다. 스파르타는 아테네 성을 파괴했으며, 아테네로부터 모든 함대를 빼앗았습니다. 이때부터 그리스는 해전에 약세를 보이게 됩니다. 27년에 걸친 펠로폰네소스 전쟁은 그렇게 끝이 났습니다. 이와 같이 '내전'의 역사는 어느 때든지 늘 소모전이었으며, 명분도 실리도 없고 상처만 남습니다.

그리스 도시국가들은 페르시아와의 전쟁에서 승리의 대가로 동지중해의 지배권을 확보했었습니다. 그러나 펠로폰네소스 전쟁의 결과는 지중해 지역에서의 그리스 문명의 종말을 가져오게 만들었습니다.

이후 그리스는 스파르타에서 테베로 권력이 이동해가다가, 마케도니아의 필립포스 2세와 그의 아들 알렉산더(알렉산드로스)에게 처참히 짓밟히게 됩니다. 그리고 세계 역사는 페르시아와 그리스가 아닌 헬라 제국이라는 새로운 강자 앞에 모두 무릎 꿇게 됩니다.

# 그리스의 반란과 마케도니아의 응징

그리스 도시국가들 사이에 패권이 스파르타에서 테베로 넘어가고 있을 당시 15세의 마케도니아의 왕자 필립포스 2세(Philip II)가 테베에 볼모로 잡혀가 있었습니다. 필립포스 2세는 테베에서 에파미논다스가 발전시킨 밀집 보병에 큰 감명을 받았다고 합니다.[18]

B.C.362년 테베의 에파미논다스가 부상을 당해 죽자, 그리스 쪽은 강력한 지도자가 없는 상태가 됩니다. 그리고 B.C.359년 필립포스 2세가 드디어 마케도니아의 왕이 됩니다.[19] 여러 전쟁사를 읽어보면 대부분의 전쟁전문가들의 한결같은 평가는 "필립포스 2세가 군사방면의 천재"였다는 것입니다.

18) 존 워리, 『서양 고대 전쟁사 박물관』, 임웅 옮김(서울 : 르네상스, 2006), p.125.

**그리스 도시국가들의 패권 이동**

아테네
⋮
스파르타
⋮
테베
⋮
마케도니아의 필립포스 2세

19) 버나드 로 몽고메리, 『전쟁의 역사』, 승영조 옮김(서울: 책세상, 2009), p.143.

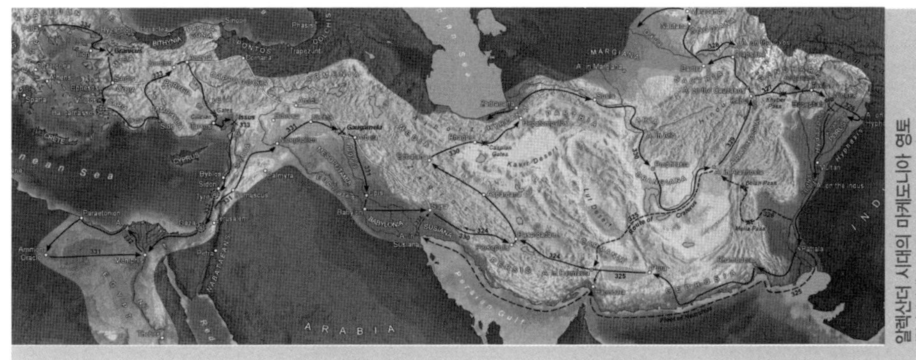


필립포스 2세는 왕이 되자, 현재의 유고슬라비아인 일루리아와 트라키아, 그리고 테살리아를 정복했습니다. 그리고 그리스로 쳐들어가 가장 먼저 고린도(코린트)를 포위공격하며 무자비하게 성을 파괴시켜 버렸습니다.

필립포스 2세는 곧바로 자신이 청소년 시절 볼모로 끌려갔었던 테베를 점령하고, 아테네 연합군까지 격파시켰으며, 얼마 지나지 않아서 그리스 전체를 그의 발아래 두었습니다.

필립포스 2세는 그리스의 주요 항구인 고린도(코린트)에서 이미 점령한 모든 그리스 도시국가의 정치인들을 소집해 자신의 지도 아래 그리스와 마케도니아가 통합되어야 함을 역설했습니다.

20) 버나드 로 몽고메리, 『전쟁의 역사』, 승영조 옮김(서울: 책세상, 2009), pp.143~144.

필립포스 2세는 다시는 그리스가 내전을 일으켜서는 안 되고, 페르시아가 그리스를 침략했던 것에 대해 힘을 모아 복수하자고 그들에게 말했습니다.[20] 당시 페르시아는 제

국 전역에서 끊임없이 반란이 일어나고 있었기 때문에 필립포스 2세는 좋은 기회라고 여겼던 것입니다.[21]

그리스인들에게 늘 야만인 취급을 받던 마케도니아가 오히려 그리스를 다스리게 된 것입니다. 이것이 그리스의 내전이었던 펠로폰네소스 전쟁의 결과이기도 했던 것입니다. 필립포스 2세는 유럽의 보병과 동방의 기병을 혼합시켜 통합군을 창설하였으며, 군사적 업적을 계속 세워갔습니다. 또한 그리스인들이 채택하지 않았던 척후병(스파이)을 전술에 활용하여 큰 성과를 거두었습니다.

21) 찰스 F. 파이퍼, 『신구약 중간사』, 조병수 옮김(서울: 한국기독교교육연구원, 1982), p.64.

그런데 이렇게 승승장구하던 필립포스 2세가 갑자기 암살을 당하고 맙니다. 그러자 필립포스 2세의 아들 알렉산더(알렉산드로스, Alexander, B.C.356~323)가 20세의 나이에 아버지의 뒤를 잇게 되었습니다. 그러자 그리스의 도시국가들은 알렉산더(알렉산드로스)를 어린 애송이라 여기고, 즉시 반란을 일으켰습니다.

그런데 놀랍게도 겨우 20세인 알렉산더(알렉산드로스)가 즉시 출병하여 테베, 아테네, 스파르타를 차례로 진압하고 이어 그리스 전역을 순식간에 완벽하게 장악하였습니다. 그러자 그리스 도시국가들은 알렉산더(알렉산드로스)에게 잘못을 빌었습니다. 그리고 알렉산더(알렉산드로스)는 그의 아

알렉산더의 대관식
- 아브라함 블루마르트 作

버지 필립포스 2세가 맡았던 페르시아 정복을 위한 총사령관의 자리에 자신이 올랐습니다.[22]

페르시아 정복을 위한 총사령관의 자리에 오른 알렉산더(알렉산드로스)는 그리스 도시국가들로부터 충성서약을 받고 원정길에 올랐습니다. 알렉산더(알렉산드로스)가 멀리 도나우 강까지 가서 연이어 대승을 거두고 있었는데, 그리스에서는 오히려 알렉산더(알렉산드로스)가 죽었다는 괴소문이 돌았습니다.[23]

그러자 B.C.335년 봄, 테베가 아테네와 손을 잡고 또다시 마케도니아에 반란을 일으켰습니다. 그러자 알렉산더(알렉산드로스)가 전쟁터로부터 2주 만에 테베에 도착하여 매우 잔인하게 테베를 응징했습니다. 테베 시민 6천 명을 살육했으며, 어린아이를 포함해 3만 명이나 되는 테베 시민들을 모두 노예로 팔아버린 것입니다.[24]

이제 더 이상 알렉산더(알렉산드로스)를 20살짜리 애송이로

22) 필립 드 수자, 발데마르 헤켈, 로이드 루엘린-존스, 『그리스 전쟁』, 오태경 옮김(서울: 플래닛미디어, 2009), pp.372~373.

23) 플루타르코스, 『플루타르크 영웅전 Ⅱ』, 홍사중 옮김(서울: 동서문화사, 2007). p.1215.

24) 플루타르코스, 『플루타르크 영웅전 Ⅱ』, 홍사중 옮김(서울: 동서문화사, 2007). p.1216.

보는 사람은 아무도 없게 되었습니다. 그리스의 도시국가들은 사절단을 보내 자신들의 경솔했음에 용서를 빌고 충성서약을 갱신했습니다.

그리스를 완벽하게 장악한 알렉산더(알렉산드로스)는 4만 명의 군인들을 이끌고 그리스를 침략했던 페르시아를 응징하고, 드넓은 세계를 정복하기 위해 출정 길에 올랐습니다. 페르시아 제국의 해가 저물고, 헬라 제국의 해가 떠오르고 있었던 것입니다.

# 알렉산더(알렉산드로스)의 헬라 제국
## – '융합'을 중심으로

알렉산더(알렉산드로스)는 페르시아로 향해 진격해가면서 이수스(Issus)에서 페르시아의 왕 다리오(다레이오스) 3세와의 전투에서 큰 승리를 거둡니다. 그러나 이 전투에서 다리오(다레이오스) 3세는 살아남아 도망에 성공을 합니다.

이수스, 시돈, 비블로스 지도

그러자 알렉산더(알렉산드로스)는 다리오(다레이오스) 3세를 추격하는 일을 잠시 뒤로 미루고 말머리를 이집트로 향합니다. 이 소식이 전해지자, 시돈(Sidon)과 비블로스(Byblus), 아라두스(Aradus)는 알렉산더(알

폼페이 '파우노의 집'에서 나온 모자이크화
다레이오스 3세의 모습이 묘사됨.

마케도니아 알렉산더 대왕과의 이수스 전투 모자이크
〈나폴리 고고학 박물관〉

25) 필립 드 수자, 발데마르 헤켈, 로이드 루엘린-존스, 「그리스 전쟁」, 오태경 옮김(서울: 플래닛미디어, 2009), p.386.

26) 필립 드 수자, 발데마르 헤켈, 로이드 루엘린-존스, 「그리스 전쟁」, 오태경 옮김(서울: 플래닛미디어, 2009), p.402.

27) 마틴 헹엘, 「신구약 중간사」, 임진수 옮김(파주: 살림출판사, 2009), p.15.

28) 버나드 로 몽고메리, 「전쟁의 역사」, 승영조 옮김(서울: 책세상, 2009), p.151.

29) 필립 드 수자, 발데마르 헤켈, 로이드 루엘린-존스, 「그리스 전쟁」, 오태경 옮김(서울: 플래닛미디어, 2009), p.400.

30) 버나드 로 몽고메리, 「전쟁의 역사」, 승영조 옮김(서울: 책세상, 2009), pp.152~153.

렉산드로스)에게 사절단을 보내 그들의 항복을 전하면서 황금 왕관을 바쳤습니다.[25]

그런데 알렉산더(알렉산드로스)의 발목을 두로(티루스)가 잡았습니다. 육지에서부터 0.5마일(0.8km) 떨어져 있는 두로는 알렉산더(알렉산드로스)가 항복을 요구하며 보낸 사절단을 모두 죽여 바다에 던져버렸습니다.[26]

두로는 과거 앗수르의 산헤립의 공격을 5년간이나 견뎌냈고[27] 바벨론의 느부갓네살의 포위 공격에서도 13년간(B.C.630~562)이나 버텨냈던 경력이 있던데다가,[28] 그들의 식민지인 카르타고가 곧 원정군을 보내줄 것이라 믿었기 때문에[29] 알렉산더(알렉산드로스)에게 항복하지 않았던 것입니다.

마음 급한 알렉산더(알렉산드로스)의 발길을 6개월간이나 잡아놓았던 두로는 육지에서부터 섬까지 방파제를 쌓는 공사와 더불어 두로의 가장 취약한 남쪽항구를 공격하는 마케도니아 군사들에게 결국 함락되고 맙니다.

테베에게 잔인하게 응징을 가했던 알렉산더(알렉산드로스)는 두로에게도 동일한 방법을 사용했습니다. 버나드 로 몽고메리는 알렉산더(알렉산드로스)가 두로 백성 8천 명을 잔혹하게 살육하고, 3만 명 이상 되는 두로 사람들을 노예로 팔아버렸다고 주장합니다.[30]

그에 비해 마틴 헹엘은 알렉산더(알렉산드로스)가 3만 명의 사람을 노예로 팔았다는 주장은 같지만, 살육한 사람은 8천 명이 아니라 2천 명의 남자들을 해안에서 십자가 처형을 했다고 주장합니다.[31]

어쨌든 노예무역으로 큰 부를 누리고, 스스로 신이라 자처하며 교만이 하늘을 찔렀던 두로가 아모스, 이사야, 에스겔 선지자의 예언대로 마침내 멸망한 것입니다.[32]

31) 마틴 헹엘, 『신구약 중간사』, 임진수 옮김(파주: 살림출판사. 2009), p.16.

32) 아모스 1장 9~10절; 이사야 23장; 에스겔 26~28장

"인자야 너는 두로 왕에게 이르기를 주 여호와께서 이같이 말씀하시되 네 마음이 교만하여 말하기를 나는 신이라 내가 하나님의 자리 곧 바다 가운데에 앉아 있다 하도다 네 마음이 하나님의 마음 같은 체할지라도 너는 사람이요 신이 아니거늘 네가 다니엘보다 지혜로워서 은밀한 것을 깨닫지 못할 것이 없다 하고 네 지혜와 총명으로 재물을 얻었으며 금과 은을 곳간에 저축하였으며 네 큰 지혜와 네 무역으로 재물을 더하고 그 재물로 말미암아 네 마음이 교만하였도다 그러므로 주 여호와께서 이같이 말씀하셨느니라 네 마음이 하나님의 마음 같은 체하였으니 그런즉 내가 이방인 곧 여러 나라의 강포한 자를 거느리고 와서 너를 치리니 그들이 칼을 빼어 네 지혜의 아름다운 것을 치며 네 영화를 더럽히며 또 너를 구덩이에 빠뜨려서 너를 바다

가운데에서 죽임을 당한 자의 죽음 같이 바다 가운데에서 죽게 할지라"(겔 28:2~8).

블레셋의 가사(Gaza) 또한 알렉산더(알렉산드로스)에게 항복하지 않고 2개월 동안 필사적으로 저항했습니다. 가사는 아라비아 무역의 주요 부문을 담당하는 항구도시였습니다.

가사와의 전투에서 알렉산더(알렉산드로스)가 부상을 당하기는 했지만, 결국 가사도 알렉산더(알렉산드로스)에게 정복당했습니다. 가사의 남자들은 학살당했고, 여자들과 아이들은 두로와 마찬가지로 모두 노예로 팔리고 말았습니다.[33]

생각지도 않게 두로에서 6개월 이상, 그리고 가사에서 2개월여의 시간을 지체한 알렉산더(알렉산드로스)는 이후 시리아와 유대와 이집트를 점령하고, 이어서 페르시아 제국을 썩은 달걀을 깨뜨리는 것처럼 단숨에 점령합니다.[34] 페르

33) 마틴 헹엘, 『신구약 중간사』, 임진수 옮김(파주: 살림출판사, 2009), p.16.

34) 폴 존슨, 『유대인의 역사 I』, 김한성 옮김(파주: 살림출판사, 2005), p.225.

시아의 마지막 왕으로 기록되는 다리오(다레이오스) 3세는 계속해서 도망하다가 알렉산더(알렉산드로스)의 손에 의해서가 아닌, 자기 부하의 손에 살해당합니다.

페르시아를 점령했을 때, 알렉산더(알렉산드로스)와 그의 부하들은 그 화려함에 정신을 잃을 정도였다고 합니다. '황금의 제국'을 손에 넣은 것입니다. 알렉산더(알렉산드로스)는 엘람(Elam)의 수도인 수사(Susa)에서 막대한 보물을 노획하였고, 바벨론과 수사에서 6천만 달러에 해당하는 금과 은을 거두어 들였습니다. 그리고 페르세폴리스(Persepolis)에서는 1억 달러에 이르는 보물을 노략했습니다.[35]

그리고 나서 알렉산더(알렉산드로스)는 이후 70개 이상의 알렉산드리아를 건설하면서 그가 평소에 존중했던 그리스의 사상과 문화를 페르시아의 문화와 융합하여 '헬레니즘'[36]이라는 새로운 사상을 만들어 퍼뜨리기 시작했습니다.

알렉산더(알렉산드로스)가 퍼뜨린 문화와 사상을 헬레니즘(Hellenism)이라고 하는데, 헬레니즘이라고 부른 이유는 그리스의 헬라 이름이 바로 헬라스(Hellas)이고, 헬라인들은 그들을 헬레네스(Hellenes)라고 부른 데 기인합니다.

알렉산더(알렉산드로스)는 자신은 물론이거니와 자신의 부하들을 페르시아 여인들과 혼인하게 하여 헬라 제국 백성의 범위를 넓힙니다. 이는 앗수르 제국의 혼혈정책과는 전혀

35) 레이몬드 설버그, 『신구약 중간사』, 김의원 옮김(서울: 기독교문서선교회, 1999), p.23.

36) 헬레니즘(Hellenism)은 '말하다', '그리스인처럼 행동하다'라는 뜻의 그리스어 hellenizein에서 유래됨. 그리스 고유의 문화와 오리엔트 문화가 융합하여 이루어진 세계주의적인 예술·사상·정신 등을 특징으로 함.

다른 것이었습니다. 앗수르는 자기 백성의 혈통은 순수하게 보존하고, 지배하는 민족들의 혈통을 섞은 것이었습니다. 그런데 알렉산더(알렉산드로스)는 유럽 출신인 자신이 먼저 동방의 여인을 아내로 맞이하여 동서양의 융합을 보여준 것입니다.

헬라 제국은 그동안 앗수르의 혼혈 정책, 바벨론의 교육 이데올로기 정책, 페르시아의 지방화 정책을 통한 세금의 증대와는 다른 정책을 펼쳤습니다. 알렉산더(알렉산드로스)는 헬라 제국 전체에 그리스 사상과 문화를 퍼뜨리려 했고, 헬라어라는 국제 공용어를 사용하게 하여 언어를 통하여 세계동포주의를 실현하고자 했던 것입니다.

# 알렉산더(알렉산드로스)와 아리스토텔레스

페르시아 제국을 정복하고 헬라 제국을 세운 알렉산더(알렉산드로스)는 잔인한 정복자의 모습도 물론 가지고 있었지만, 다른 한편으로는 그리스의 사상과 문화[37]를 진심으로 존중했던 철학적인 통치자의 면모를 가지고 있었습니다.

이런 측면을 살펴보자면, 알렉산더(알렉산드로스)가 애굽(이집트)을 점령했을 때, 자신의 이름을 딴 도시 알렉산드리아를 만들고, 거기에 세계에서 가장 큰 도서관을 만들었던 일이 상당히 큰 의미를 가지고 있다 할 수 있을 것입니다. 이는 일반적인 정복자의 모습과는 사뭇 다른 모습이기 때문입니다.

37) 그리스 문명 : 아테네의 페리클레스(B.C.495년경~429) 시대 30년을 정점으로 약 200년에 걸친 그리스 도시국가, 특히 아테네의 소크라테스, 플라톤, 아리스토텔레스를 중심으로 한 철학과 문학과 예술을 일컬음.

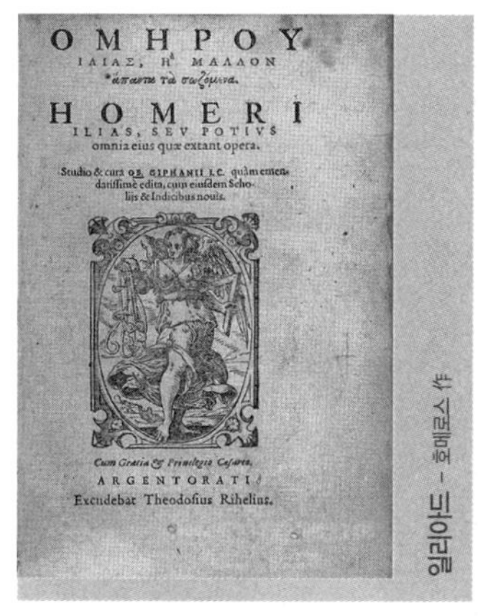



일리아드 – 호메로스 作

38) 플루타르코스, 『플루타르크 영웅전 Ⅱ』, 홍사중 옮김(서울: 동서문화사, 2007), p.1228.

또한 알렉산더(알렉산드로스) 하면 정복전쟁 중에도 밤마다 늘 독서를 했다는 기록을 남기고 있습니다.[38] 알렉산더(알렉산드로스)의 베개 밑에는 그가 매일 밤 자기 전에 읽던 '일리아드'와 그의 칼이 있었다는 이야기는 매우 유명합니다. 알렉산더(알렉산드로스)가 보여준 전쟁 중 독서가 얼마나 매력적이었던지 후대의 나폴레옹이 따라할 정도였습니다.

그러나 전쟁 중의 독서는 여호수아가 원조(?)입니다. 모세가 죽고 명실공히 이스라엘의 지도자가 된 여호수아가 가나안 정복전쟁을 앞두고 두려워하고 있을 때, 하나님께서는 다음과 같이 말씀하시며 율법책(모세오경)을 읽으라고 하셨기 때문입니다.

"강하고 담대하라 너는 내가 그들의 조상에게 맹세하여 그들에게 주리라 한 땅을 이 백성에게 차지하게 하리라 오직 강하고 극히 담대하여 나의 종 모세가 네게 명령한 그 율법을 다 지켜 행하고 우로나 좌로나 치우치지 말라 그리하면 어디로 가든지 형통하리니 이 율법책을 네 입에서 떠나지 말게 하며 주야로 그것을 묵상하여 그 안에 기록된 대로 다 지켜 행하라 그리하면 네 길이 평탄하게 될 것이며 네가 형통하리라"(수 1:6~8).

그렇다면 왜 알렉산더(알렉산드로스)는 다른 제국의 왕들과 다르게 전쟁 중에 독서를 하고, 도서관을 세우는 등 다른

특징을 가지게 되었을까 생각해볼 수 있
을 것입니다. 그것은 바로 어린 시절 그
의 스승 아리스토텔레스의 영향이라 생
각됩니다.

알렉산더(알렉산드로스)의 아버지 필립포
스 2세는 일곱 명의 아내를 두었습니다.
알렉산더(알렉산드로스)의 어머니 올림피
아스는 필립포스 2세의 다섯 번째 부인
이었습니다. 그런데 필립포스 2세의 다
른 부인들이 모두 딸만 출산했기 때문에
필립포스 2세는 알렉산더(알렉산드로스)에게 각별할 수밖에
없었습니다.[39]

39) 필립 드 수자, 발데마르 헤켈,
로이드 루엘린-존스, 『그리스 전
쟁』, 오태경 옮김(서울: 플래닛미디
어, 2009), p.369.

40) 플루타르코스, 『플루타르크 영
웅전Ⅱ』, 홍사중 옮김(서울: 동서문
화사, 2007), p.1211.

필립포스 2세는 하나밖에 없는 아들을 위해 그리스에서
가정교사를 초빙해왔습니다. 그 가정교사가 바로 그리스
출신 아리스토텔레스였던 것입니다. 필립포스 2세는 아리
스토텔레스를 아들의 가정교사로 모시기 위해 이미 파괴
해버렸던 아리스토텔레스의 고향 스타기라 시를 모두 복
원해주었습니다. 그리고 아리스토텔레스가 알렉산더(알렉
산드로스)에게 가르침을 준 곳을 '선녀의 성역'으로 지정해
귀한 곳이 되게 했습니다.[40]

마케도니아로 초빙 받은 아리스토텔레스는 필립포스 2세
의 아들 알렉산더(알렉산드로스)에게 도덕이나 교리뿐 아니

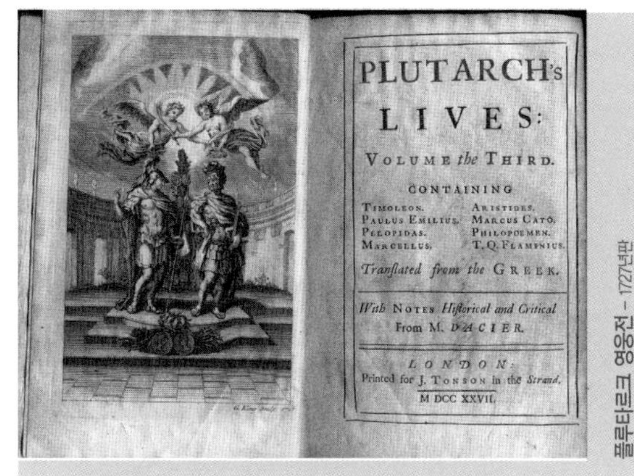



플루타르크 영웅전 - 1727년판

라, 일반에게 공개하지 않았던 심오한 가르침들을 모두 가르쳐 주었습니다. 덕분에 청소년 시절 알렉산더(알렉산드로스)는 스승의 가르침을 통해 그리스의 사상과 문화를 존중하게 되었고, 매우 수준 높은 지식을 가질 수 있었습니다. 그래서 알렉산더(알렉산드로스)는 다른 제국의 통치자들에 비해 철학적인 면모를 많이 보여준 것입니다.

41) 플루타르코스, 『플루타르크 영웅전 II』, 홍사중 옮김(서울: 동서문화사, 2007), p.1211.

알렉산더(알렉산드로스)와 아리스토텔레스 사이에 있었던 한 에피소드를 소개합니다. 알렉산더(알렉산드로스)가 수많은 나라들을 정복해가고 있던 어느 날, 그의 스승 아리스토텔레스가 그의 가르침들을 책으로 만들어 출판한다는 소식을 듣게 되었다고 합니다. 그러자 알렉산더(알렉산드로스)가 즉시 아리스토텔레스에게 항의 편지를 보냈습니다. 그 편지와 아리스토텔레스의 답장이 플루타르코스의 『플루타르크 영웅전』에 기록되어 있습니다.[41]

"아리스토텔레스 선생님께,
건강하시리라 생각합니다.
선생님께서 친히 구전으로 가르치셔야 할 이론들을
책으로 발표한 것은 잘못하신 것 같습니다.
우리가 배운 지식들을 모든 사람들에게 공개해버린다면

우리가 무엇을 가지고
그들을 능가할 수 있겠습니까?
저는 다른 사람들보다
권력이나 영토로써가 아니라,
지식으로 뛰어나기를 원하기 때문에
이런 말씀을 드리는 것입니다.
안녕히 계십시오."

아리스토텔레스의 답장입니다.

"그 지식들은 발표되었다고 말할 수 없소.
왜냐하면 형이상학에 대한 이 책은
내게서 가르침을 받지 않은 사람은
아무리 읽어보아도
그 뜻을 이해할 수 없기 때문이오."

신구약 중간사

# 알렉산더(알렉산드로스)와 예루살렘

힘겹게 두로와 가사를 점령했던 알렉산더(알렉산드로스)는 시리아를 점령하고 이집트로 내려가면서 통로에 해당하는 예루살렘을 통과해야 했습니다. 그런데 알렉산더(알렉산드로스)의 예루살렘 침공은 다른 지역을 침공했던 것과는 많이 달랐습니다.

알렉산더(알렉산드로스)가 원정을 시작하자, 대부분의 나라들은 저항하거나 항복하는 형태를 취했습니다. 그런데 예루살렘은 저항도 하지 않았고, 항복도 하지 않았습니다. 그럼에도 불구하고 예루살렘은 어떤 군사적 피해도 입지 않았고, 오히려 다른 나라들과 달리 세금 혜택까지 받았습니다.

그 이유를 요세푸스가 기록해 놓았습니다. 물
론 요세푸스의 기록이 허구라는 주장은 많지
만, 어쨌든 알렉산더(알렉산드로스)가 유대인들에
게 친절했다는 것은 사실이라고 합니다.

요세푸스의 기록에 의하면,[42] 알렉산더(알렉산드
로스)가 원정을 떠나기 전 마케도니아에 있을
때 꿈을 꾸었다고 합니다. 알렉산더(알렉산드로
스)는 꿈속에서도 '내가 어떻게 하면 아시아를 제패할 수
있을까?' 하고 궁리를 하고 있었답니다. 그런데 자주색과
주홍색의 옷에 하나님의 이름이 새겨진 금패가 달린 모자
를 쓴 한 사람이 나타나서 자기가 군대를 인도해 페르시아
를 점령할 수 있게 해주겠다고 말했답니다.

그런데 놀랍게도 알렉산더(알렉산드로스)가 시리아를 거쳐
유대 예루살렘에 도착할 즈음에, 꿈에서 보았던 그 사람이
알렉산더(알렉산드로스)를 맞이한 것입니다. 그는 바로 유대
의 대제사장이었습니다.

그래서 알렉산더(알렉산드로스)는 유대를 공격하지 않고, 대
제사장의 조언에 따라 예루살렘 성전에 올라가 하나님께
제사까지 드렸습니다. 그리고 유대인들에게 그들이 매 7년
마다 지키는 안식년에는 조공을 바치지 않아도 된다고 했
습니다.

요세푸스 초상
(윌리엄 휴스턴 판의서 중에서)

42) 플라비우스 요세푸
스 II: 유대 고대사』, 김지찬 옮김(서
울: 생명의 말씀사, 2009),
pp.58~59.


신구약 중간사

유대를 거쳐 알렉산더(알렉산드로스)는 애굽(이집트)으로 말머리를 돌려 애굽(이집트)을 군사적으로 점령하고, 자신의 이름을 딴 도시 알렉산드리아를 건설했습니다. 물론 이후에도 알렉산더(알렉산드로스)는 수많은 지역에 자기 이름을 딴 도시 알렉산드리아를 세웠는데, 애굽(이집트)의 알렉산드리아가 가장 널리 알려졌습니다. 알렉산더(알렉산드로스)는 많은 유대인들을 애굽(이집트)의 알렉산드리아로 이주시켜 살게 했습니다. 알렉산드리아로 이주한 유대인들은 주로 장사에 종사했습니다.

그런데 알렉산더(알렉산드로스)의 원정에 처음부터 따라나섰던 그리스인도 알렉산드리아에 정착하면서 장사에 종사하게 됩니다. 이후 유대인들과 그리스인 이 두 민족은 알렉산드리아에서 헬라 제국과 이어지는 로마 제국에서 상권을 두고 라이벌 관계에 있게 됩니다.

애굽(이집트)의 알렉산드리아는 이후 100만의 인구가 사는 대도시가 됩니다. 인구 100만이라 함은 당시 로마와 맞먹는 대도시였다는 것입니다. 이후 로마 제국 시대에 세계적인 대도시 알렉산드리아에서 장사에 두각을 나타냈던 두 민족 유대인과 그리스인 사이에 결국 상권을 두고 큰 싸움이 벌어져 폭동으로까지 번지게 됩니다.

그때 알렉산드리아에 살던 유대인 학자 필로[43]가 그리스인들 편을 든 로마의 세 번째 황제였던 칼리굴라를 만나기 위해 로마까지 가서 유대를 변론했던 것이 역사에 남아 있습니다.

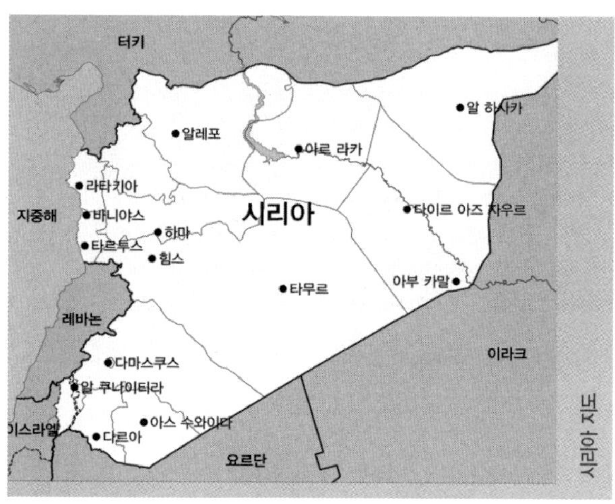



요세푸스는 알렉산더(알렉산드로스)가 유대에 세금을 감면해주는 등 큰 호의를 베풀었다고 기록하고 있습니다. 그러나 마틴 헹엘은,[44] 알렉산더(알렉산드로스)가 스파르타 출신 클레오메네스(Kleomenes)의 재능에 힘입어 시리아와 유대에서 오히려 더 많은 세금을 거두어들였다고 기록하고 있습니다. 심지어 페르시아 시대보다 훨씬 많은 액수였다는 것입니다.

알렉산더(알렉산드로스)가 시리아 총독을 자주 그리고 갑자기 교체하곤 했는데, 이는 금융과 관련하여 알렉산더(알렉산드로스)를 만족시키지 못했기 때문이라는 것입니다. 알렉산더(알렉산드로스)는 정복한 나라의 내정에는 깊이 관여하지 않았지만, 세금에 있어서는 매우 철저하게 수탈해갔다는 것입니다.

제국이 식민지를 대하는 태도가 나라마다 상황에 따라 다소 차이가 있을 수 있지만, 어쨌든 제국에게 자국의 식민

43) 필로(Philo, B.C.20~A.D.50)는 알렉산드리아의 부유한 상인의 아들로 태어난 박식한 학자로 자기 자신을 철저한 정통 유대인으로 생각했음. 그는 피타고라스, 플라톤, 아리스토텔레스 그리고 스토아 철학자들로부터 스스로 하나의 철학 체계를 구성할 수 있었음. 필로는 모세를 모든 사람 가운데 가장 위대한 사상가로 간주하고 모든 진리가 모세의 율법 속에서 발견될 수 있다고 보았으며, 비유적인 해석을 통해 진리가 발견될 수 있다고 보았음.
찰스 F. 파이퍼, 『신구약 중간사』, 조병수 옮김(서울: 한국기독교교육연구원, 1982), pp.121~122.

44) 마틴 헹엘, 신구약 중간사, 임진수 옮김(파주: 살림출판사, 2009), p.26.

지에서 세금을 거두어가는 일은 가장 중요한 일이었고, 그 일은 결코 포기할 수 없는 일입니다. 제국과 경제는 언제나 한통속이기 때문입니다.

# 프톨레미 왕조와 유대

애굽(이집트)을 거쳐 페르시아 제국 전체를 손에 넣은 알렉산더(알렉산드로스)는 헬레니즘을 확산시키며 인도의 갠지스 강까지 원정을 계속해갔습니다. 그런데 인도까지 도착한 알렉산더(알렉산드로스)의 부하들이 더 이상의 종군을 거부하는 사태가 벌어졌습니다.

할 수 없이 원정을 중단하고 돌아오던 알렉산더(알렉산드로스)는 B.C.323년 다이시우스달 30일에 32세의 젊은 나이에 원인 모를 병으로 죽습니다.[45] 어떤 이는 사인(死因)이 말라리아라고 하고, 어떤 이는 차가운 물에 목욕하고 난 후 열병에 의한 죽음이라고 말합니다. 그러나 아직까지도 정확한 사인은 밝혀지지 않고 있습니다.

45) 플루타르코스, 『플루타르크 영웅전 II』, 홍사중 옮김(서울: 동서문화사, 2007), p.1283.

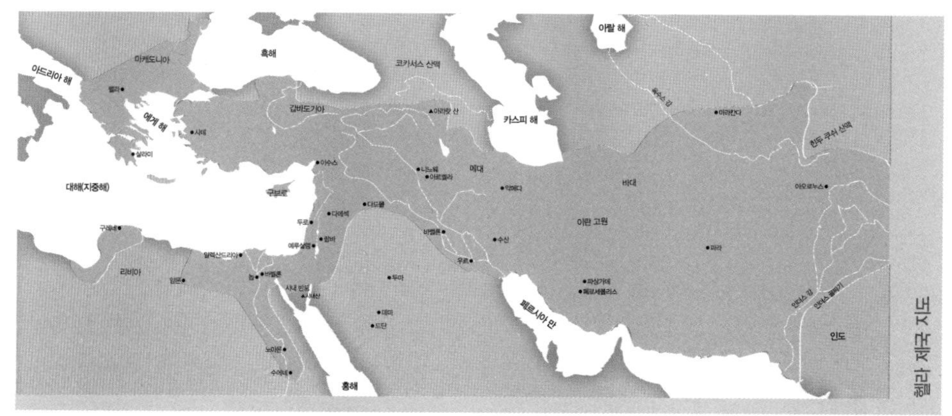

알렉산더(알렉산드로스)의 갑작스런 죽음은 헬라 제국의 큰
변동을 가져왔습니다. 알렉산더(알렉산드로스)가 죽었을 당
시에는 알렉산더(알렉산드로스)의 상속자가 없었습니다.

알렉산더(알렉산드로스)가 죽은 후 그의 아내 록사나에게서
아들이 태어났지만, 그 아들이 성장하기도 전에 알렉산더
(알렉산드로스)의 부하 장수들이 권력을 장악하면서 록사나
와 그의 어린 아들을 살해해버렸습니다.[46] 그리고 그 부하
장수들은 각축을 벌이다가, 결국 헬라 제국을 나누어 왕조
를 세우고 각각 다스리게 됩니다.[47]

먼저 마케도니아의 장군 라고스(Lagus)의 아들 프톨레미가
부유하지만 지리적으로 접근하기 어려운 애굽(이집트)을 차
지했습니다. B.C.322년 11월 프톨레미는 44세의 나이에
애굽(이집트)에 도착해 능숙한 솜씨로 애굽(이집트)을 손에 넣
고, 알렉산드리아를 수도로 정했으며, 시리아로부터 알렉
산더(알렉산드로스)의 시신을 조심스럽고 안전하게 애굽(이집

46) 찰스 F. 파이퍼, 『신구약 중간
사』, (서울: 한국기독교교육연구원,
1982), p.64.

47) 브루스 M. 메츠거, 『신약성서
개설』, 나채운 옮김(서울: 대한기독
교출판사, 1983), p.14.

트)으로 가져왔습니다.[48]

그리고 자신의 이름을 프톨레미 소테르(Ptolemy
Soter, B.C.323~283)라 칭했습니다. 소테르란 '구원
자'라는 뜻입니다. 프톨레미는 자신의 왕조를 열
어 클레오파트라 여왕 때까지 장장 300년간을 지
속시킵니다. 이 프톨레미 왕조(Ptolemies)는 북쪽으
로 시리아와 동방을 차지한 셀루커스 왕조
(Seleucids)와 유대를 두고 분쟁을 하다가 B.C.320
년 유대를 합병하면서 결국 유대를 차지하게 되었습니다.

〈클레오파트라〉영화 포스터

프톨레미 왕조가 유대를 함락한 것은 프톨레미 소테르의
잔꾀와 책략 때문이었습니다. 프톨레미 소테르는 유대의
예루살렘에 들어오면서 마치 안식일에 제사 드리러 온 것
처럼 위장하고 왔기 때문에 유대인들이 프톨레미 소테르
의 음모를 전혀 알아차리지 못했습니다.[49]

〈아리스테아스의 편지〉[50]는 프톨레미 소테르에 대해서 다
음과 같이 묘사하고 있습니다.[51]

"그는 그의 호운과 용맹을 사용하여 코엘레 수리아(Coele-
Syria)와 페니키아(Phoenicia) 전역을 장악하였고, 모든 신민
들을 무력으로 굴복케 하여 어떤 이들은 그곳으로 이주시
켰고 또 어떤 이들은 포로로 잡아갔다. 바로 이때 그는 십
만 명에 달하는 사람들을 유대인의 지경에서 애굽으로 데

48) 마틴 헹엘, 『신구약 중간사』,
임진수 옮김(파주: 살림출판사,
2009), p.37.

49) 레이몬드 설버그, 『신구약 중
간사』, 김의원 옮김(서울: 기독교문
서선교회, 1999), p.28.

50) 아리스테아스의 편지(The
Letter of Aristeas)는 위경의 하나
로 프톨레미 필라델포스의 신하인
아리스테아스가 자기 형인 필로크
라테스에게 보낸 편지를 말함. 이
편지가 주목받는 이유는 그 편지의
내용 가운데 많은 부분은 아니지
만, 구약 히브리어 성경을 헬라어
로 번역하게 된 과정이 적혀 있기
때문임.

51) 레이몬드 설버그, 『신구약 중간
사』, 김의원 옮김(서울: 기독교문서
선교회, 1999), p.29.

52) 마틴 헹엘, 『신구약 중간사』, 임진수 옮김(파주: 살림출판사, 2009), p.160.

53) 마틴 헹엘은 프톨레미 왕조의 유대 통치를 100년간으로 봄. 마틴 헹엘, 『신구약 중간사』, 임진수 옮김(파주: 살림출판사, 2009), p.44.

54) 브루스 M. 메츠거, 『신약성서 개설』, 나채운 옮김(서울: 대한기독교출판사, 1983), p.14.

려갔다. 그는 이들 가운데서 선발된 약 3천 명의 남자들을 무장시켜 그 나라에 파견한 주둔군에 배속시켰다."

애굽(이집트)의 비석과 파피루스가 보여주듯이 당시 프톨레미 왕조의 애굽(이집트)에는 상당수의 유대인들이 거주하고 있었습니다. 물론 프톨레미 왕조의 통치시대 이전에도 많은 유대인들이 살기도 했지만, 상당수가 프톨레미 소테르에 의해 애굽(이집트)으로 이주되었습니다. 유대인들은 프톨레미 왕조가 지배하던 애굽(이집트)에서 살면서 아람어를 빠르게 포기하고 그리스어를 수용했습니다.[52]

프톨레미 왕조는 B.C.319년~198년까지 122년간 유대를 지배했습니다.[53] 프톨레미 왕조의 유대 통치는 대체적으로 온화한 통치자들이 등장함으로 유대는 평화와 안정을 누렸으며, 유대의 '대제사장'들은 정치와 종교의 지도자로 계속 자리를 보존했습니다.[54]

이 당시 유대의 '대제사장'은 바벨론 포로기 70년 이후 새로 주목받는 주요 인물이었습니다. 바벨론 포로기 전까지 남유다는 예루살렘 성전과 대제사장, 율법(경전) 중심이었으나, 포로 기간 70년간은 회당과 서기관과 율법(경전) 중심으로 생활하였습니다. 그런데 바벨론 포로 기간이 끝나

고 다시 예루살렘으로 돌아온 귀환 공동체가 예루살렘 성
전을 재건함으로, 대제사장은 다시 유대의 핵심으로 복귀
되었습니다.

유대는 페르시아 제국의 지배에서 헬라 제국의 지배로 바
뀌었음에도 불구하고, 세금을 바치는 나라가 바뀌었을 뿐
바벨론 포로기와는 달리 자신들의 '종교'와 '문화 전통'을
지키며 살 수 있었습니다. 왜냐하면, 프톨레미 왕조는 알
렉산더(알렉산드로스)의 뜻을 따라 내정에는 별 간섭 없이 세
금 걷는 일에만 신경을 썼기 때문입니다. 그러나 헬라 제
국의 정책에 따라 헬라어를 사용하게 하는 일은 강요했습
니다.

● 애굽(이집트)을 통치한 프톨레미 왕조[55]
프톨레미 1세
　- Lagus의 아들, Ptolemy Soter/ B.C.323~283
프톨레미 2세 - Ptolemy Philadelphus/ B.C.283~247
프톨레미 3세 - Euergetes/ B.C.247~221
프톨레미 4세 - Philopator/ B.C.221~203
프톨레미 5세 - Epiphanes/ B.C.203~181
프톨레미 6세 - Philometer/ B.C.181~146
프톨레미 7세 - Euergetes Ⅱ / B.C.146~117

55) 레이몬드 설버그, 『신구약 중
간사』, 김의원 옮김(서울: 기독교문
서선교회, 1999), p.30.

# 헬라어 70인역(LXX) – 구약성경의 세계화

56) 플라비우스 요세푸스, 『요세푸스 II: 유대 고대사』, 김지찬 옮김(서울: 생명의 말씀사, 2009), p.65.

애굽(이집트)에서 프톨레미 왕조를 세운 프톨레미 소테르는 40년을 통치했고, 그의 뒤를 이은 프톨레미 필라델포스(Ptolemy Philadelphus, B.C.283~246) 또한 40년간 통치했습니다. 특히 프톨레미 필라델포스는 히브리어 구약성경의 헬라어 번역인 '70인역'(Septuagint, LXX)을 남김으로 역사에 그의 이름을 남겼습니다.[56]

57) 앤서니 에버렛, 『아우구스투스』, 조윤정 옮김(서울: 다른세상, 2009), p.318.

당시 애굽(이집트)의 수도였던 알렉산드리아는 로마 인구와 맞먹는 100만 명의 인구가 사는 세계적인 도시였고, 문화와 패션의 중심지였습니다. 스트라보는 당시의 알렉산드리아를 일컬어 "인간 세계의 가장 거대한 백화점"이라고까지 말했습니다.[57] 당시 알렉산드리아에는 많은 유대인들이 살고 있었습니다. 그런데 그들은 더 이상 히브리어를 읽거나 쓸 수 없었습니다. 왜냐하면 그리스어의 아티카 방언인 '코이네'(κοινή, koine)가 헬레니즘 세계 전체의 언어가 되었기 때문입니다.

그리스 상인들은 헬라 제국 전역에서 코이네로 거래를 했으며, 코이네로 법이 공포되었고, 코이네로 통일된 기본틀에 따라 모든 계약이 체결되고 있었습니다. 또한 코이네는 외교가와 문필가의 언어였기 때문에 헬라 제국 전역에서 존경받거나 교육받은 사람으로서의 명성을 얻으려면 반드시 코이네를 사용해야 했습니다.

때문에 당시 비문이나 심지어 벽에 새긴 낙서조차 모두 코이네였습니다.[58] 그리고 유대인들은 회당예배에서도 히브리어 성경을 사용할 수 없는 형편이었습니다.[59] 그때 70인역(LXX)이 준비되기 시작한 것입니다.

알렉산드리아의 꽃인 알렉산드리아 도서관은 당시 20만 권의 장서를 보유하고 있었으며 수많은 학자들의 방문이 줄을 이었습니다. 프톨레미 필라델포스는 알렉산드리아를 더욱 발전시키고 싶어 했으며, 특히 도서관에 더 많은 좋은 책들을 소장하고 싶어 했습니다.

프톨레미 필라델포스는 유대의 율법서에 관심이 컸습니

58) 마르틴 헹엘, 『유대교와 헬레니즘 1』, 박정수 옮김(파주: (주)나남, 2012), pp.221~222.

59) D. S. 러셀, 『신구약 중간시대』, 임태수 옮김(서울: 컨콜디아사, 1977), p.14.

다. 때문에 그는 히브리어로 된 율법서를 헬라어로 번역하여 알렉산드리아 도서관에 소장하고자 했습니다. 이 소망은 결국 구약성경 전체가 히브리어에서 헬라어로 번역되어져 헬라 제국을 통해 성경의 세계화라는 놀라운 결과를 낳게 됩니다.

당시 알렉산드리아 도서관의 관장(library-keeper)은 데메트리우스 파레리우스(Demetrius Phalerius)였는데 그는 한마디로 '하늘이 내린 도서관장' 이었습니다. 데메트리우스 파레리우스는 세상에 있는 모든 책을 수집하겠다는 꿈을 가지고 있었고, 자기 당대에 알렉산드리아 도서관에 소장되는 책을 50만 권까지 늘리겠다는 계획을 세워놓았다고 합니다.[60]

60) 플라비우스 요세푸스, 『요세푸스 II: 유대 고대사』, 김지찬 옮김(서울: 생명의말씀사, 2009), p.65.

프톨레미 필라델포스와 데메트리우스 파레리우스의 만남이 70인역(LXX)을 탄생하게 했다고 해도 과언이 아닐 것입니다. 프톨레미 필라델포스가 그의 도서관장에게 남긴 어록이 다음과 같이 남아 있습니다.

"내 도서관에 꼭 있어야 할 책들 가운데 탐구해볼 만한 유대인의 율법서가 있다는 이야기를 들었소. 그 책들은 유대인의 방언과 문자로 기록되어 있기 때문에 헬라어로 번역하기에 매우 힘이 든다고 했소. 그 문자는 수리아의 고유 문자와 비슷하며 발음도 비슷한 것처럼 보이나 나름대로 독특한 면이 있다고들 하오. 그러나 우리가 그 책들을 번

알렉산드리아 도서관
〈위키피디아〉

61) 플라비우스 요세푸스, 『요세푸스Ⅱ: 유대 고대사』, 김지찬 옮김(서울: 생명의말씀사, 2009), p.65.

역하지 못할 이유가 없다고 생각하고 있소. 그 책들이 우리 도서관에도 있으니 번역하는 데 필요한 것은 다 갖추지 않았소?"[61]

그런데 이때 마침 프톨레미 필라델포스의 가까운 친구 가운데 아리스테아스(Aristeas)가 왕이 유대 율법서를 헬라어로 번역하고 싶어 한다는 말을 듣고, 안 그래도 오랫동안 생각해왔던 일을 왕에게 고하기로 마음먹습니다. 그것은 다름이 아니라, 애굽(이집트)에서 노예로 살고 있는 유대인들을 해방시켜주자는 생각이었습니다.

아리스테아스는 왕에게 유대의 율법서를 복사하는 정도가 아니라, 번역까지 하는 마당에 수많은 유대인들을 노예로 계속 남겨 놓는 일은 옳지 않은 것 같다는 진언을 한 것입니다. 그러자 프톨레미 필라델포스가 이를 수용했습니다.

62) 아리스테아스의 편지에는 10만 명으로 기록됨.

요세푸스에 의하면, 당시 애굽(이집트)에는 12만 명[62]이나 되는 유대 출신 노예들이 있었다고 합니다. 이는 다소 과장된 숫자라는 의견이 많습니다. 그러나 애굽(이집트)에는 바벨론 포로기 이전부터 이미 유대인들이 살고 있었고, 바벨론 포로기 때 총독 그달리야를 죽이고 애굽(이집트)으로 내려간 사람들이 있었습니다. 거기에 더해 프톨레미 1세 때에 유대인들은 전쟁포로, 혹은 자발적으로 애굽(이집트)으로 내려갔기 때문에 상당수의 유대인들이 애굽(이집트)에 거주하고 있었던 것이 사실입니다.

프톨레미 2세는 아리스테아스의 조언을 받아들여 국고에
서 속전 460달란트 이상(한 사람당 20드라크마씩, 그리고 오래전부터
끌려와 있던 유대인들은 400드라크마)을 내어주고 그들을 모두 해
방시켜 주었습니다.[63] 프톨레미 필라델포스가 유대인 노
예의 해방을 선포하자, 이 일은 조서가 공포된 지 7일 만
에 모두 시행되었습니다.

예레미야를 통한 하나님의 말씀을 거부하고 방향을 애굽
(이집트)으로 정해 내려갔던 사람들의 후손들이 300년 만에
다시(?) 출애굽하여 귀환할 수 있게 된 것입니다. 이렇게
유대 출신 노예들까지 해방시켜주고 나자, 율법서를 헬라
어로 번역하기 위한 일들이 본격적으로 시작되었습니다.

그런데 시작부터 문제가 발생했습니다. 다름이 아니라, 당
시까지도 율법은 주로 구전을 통해 내려오고 있었기 때문
에 애굽(이집트)에는 '정확한' 율법 사본이 없다는 것과, 또
한 애굽(이집트)에는 히브리어를 헬라어로 번역할 수 있는
율법학자가 없다는 것입니다.

도서관장이 이 문제를 프톨레미 필라델포스에게 보고하면
서 해결책으로 유대에서 율법에 정통한 학자를 초빙하자
고 제안했습니다. 그러자 도서관장의 제안에 따라 프톨레
미 필라델포스는 유대의 대제사장 엘르아살(Eleazar)에게 유
대의 노예들을 해방시키는 일과, 율법에 정통한 학자들을
보내줄 것을 서신에 쓰고, 선물로 큰 수반과 대접과 잔들

63) 플라비우스 요세푸스, 『요세푸스 II : 유대 고대사』, 김지찬 옮김(서울: 생명의말씀사, 2009), p.67.

을 만들 금 50달란트와 수많은 보석들을 보냈습니다.

**64)** 베르너 푀르스터, 『신구약 중간사』, 문희석 옮김(서울: 컨콜디아사, 2008), p.48.

그러자 유대의 대제사장은 12지파에서 각각 6명씩 72명(혹은 70명)을 선발해 알렉산드리아로 보내 모세오경부터 번역을 시작했습니다. 이 성경을 후대의 사람들은 '셉투아진트'(Septuagint, LXX, 70인역)라는 라틴어 칭호로 부르게 됩니다.[64]

**65)** 문희석, 『구약석의 방법론』(서울: 대한기독교출판사, 1982), p.76.

문희석은[65] 70인역(LXX)이라는 이름은 70인의 장로가 같이 번역했다는 '전설'에서 온 것이라고 주장합니다. 그리고 최초에는 모세오경만 번역되었고, 3세기 중엽 알렉산드리아에서 행해진 것 같고, 그 후 계속해서 구약의 다른 부분이 번역되었다고 합니다.

**66)** 마틴 헹엘, 『신구약 중간사』, 임진수 옮김(파주: 살림출판사, 2009), p.165.

마틴 헹엘에 의하면,[66] 70인역(LXX)의 첫 작업인 모세오경(Pentateuch)의 놀라운 문자적인 번역은 '조상의 율법'을 근본적으로 준수하려는 유대인들의 태도를 보여준다고 합니다. 그리고 번역가들은 초기 헬레니즘의 애굽(이집트)에서 그리스어를 탁월하게 습득했던 남자들로 여겨진다는 것입니다. 번역가들은 아마도 그리스어를 예배에서 혹은 국가적인 법의 수행 과정에서 실용적으로 번역하는 경험을 가진 것으로 보이며, '건실한 수공업 같은' 번역 경향을 드러낸다고 보았습니다. 다시 말해 70인역(LXX)은 수사학적인 면에서는 다소 부족하다는 것입니다.

요세푸스는, 유대에서 온 율법학자들의 노고에 의해 드디어 70인역(LXX)이 완성되자 프톨레미 필라델포스는 크게 기뻐하며 이 성경에 대한 찬사를 아끼지 않았다고 합니다. 그리고 그의 도서관장에게 이 70인역(LXX) 사본을 알렉산드리아 도서관에 소장해두고[67] 이것이 손상이 가지 않도록 잘 보관하는 데 만전을 기울이라는 명령을 내렸다고 합니다.

또한 프톨레미 필라델포스는 유대로 귀국하는 율법학자들에게는 각각 최고급 옷 3벌과 금 2달란트와 한 달란트 값어치의 잔 한 개와 가구들을 선물로 주었습니다. 그리고 유대의 대제사장 엘르아살에게는 따로 은으로 만든 다리가 달린 침상 열 개와 그에 딸린 가구들과 값어치가 나가는 잔과 자주색 옷 10벌과 아름다운 왕관과 고운 세마포 100필을 선물로 보냈습니다.[68]

67) 찰스 F. 파이퍼, 『신구약 중간사』, 조병수 옮김(서울: 한국기독교교육연구원, 1982), p.117.

68) 플라비우스 요세푸스, 『요세푸스 II: 유대 고대사』, 김지찬 옮김(서울: 생명의말씀사, 2009), p.78.

# 셀루커스 왕조와 유대

69) 마틴 헹엘, 『신구약 중간사』, 임진수 옮김(파주: 살림출판사, 2009), p.64.

프톨레미 왕조의 통치 아래 122년을 보낸 유대는 B.C. 2세기 프톨레미 왕조와 셀루커스 왕조 사이의 갈등과 분쟁이 다시 재개되면서 또다시 폭풍이 몰아치게 됩니다. B.C.223년 셀루커스의 왕 셀루커스 3세 소테르가 살해되자, 그의 형제 안티오쿠스 3세(B.C.223~187)는 20세에 왕의 자리에 오르면서 알렉산더(알렉산드로스)의 후계자임을 자처하며 정복 계획을 되살리기 시작했습니다.[69]

**한니발**
2차 포에니 전쟁의 주역이었던 카르타고의 한니발이 로마의 장수 스키피오의 전투였던 '자마 전투'에서 패하고, 시리아의 안티오쿠스 3세에게 도망하여 몸을 의지하고 있었음.

안티오쿠스 3세는 셀루커스 왕조가 시작된 이래 가장 넓은 영토와 부(富)를 가지게 되었고, 카르타고의 명장 한니발까지 자기 나라로 망명해와 있었기 때문에 여러 면에서 상승세를 구가하고 있었습니다. 때문에 프톨레미 왕조를 이겨 유대를 빼앗을 수 있다고 믿었습니다.

두 나라 사이에 이러한 기류를 두고 유대가 재빨리 셀루커스 쪽으로 지지를 보내며 안티오쿠스 3세를 도와 유대에서 프톨레미 군대를 몰아냈습니다(B.C.198).[70]

그러자 안티오쿠스 3세는 유대에 감동하여 유대를 통치하기는 하지만, 그들의 신앙과 율법을 공식적으로 인정하겠다는 약속과 함께 3년간 세금 감면의 혜택을 베풀었습니다.

70) 브루스 M. 메츠거, 『신약성서개설』, 나채운 옮김(서울: 대한기독교출판사, 1983), p.15.

그리고 유대인들에게 도시와 성전재건을 지원해줄 것과 셀루커스의 유대인 포로들까지 석방해줄 것을 약속해 주었습니다. 특히 예루살렘 성전에서 일하는 사람들과 원로회의 의원들은 세금을 면제해주기까지 했으며, 유대인 공동체 내부의 '자치'(Autonomie)까지 허락해 주었습니다. 이는 아마도 안티오쿠스 3세가 의도적으로 옛 페르시아 시대의 선례를 따르려 했던 것으로 보입니다.[71]

71) 마르틴 헹엘, 『유대교와 헬레니즘 1』, 박정수 옮김(파주: 나남, 2012), p.68.

유대는 헬라 제국의 프톨레미 왕조의 지배에서 셀루커스 왕조의 지배로 바뀌었지만, 그들의 삶에는 그다지 큰 변화가 없었습니다. 그런데 안티오쿠스 3세가 로마와의 전쟁에서 연거푸 두 번이나 패하면서 변동이 시작되었습니다. B.C.190년 로마와의 전쟁에서 패한 안티오쿠스 3세는 로

72) 마르틴 헹엘은 전쟁 배상금을 1만 2천 달란트라고 주장함. 마르틴 헹엘, 『유대교와 헬레니즘 1』, 박정수 옮김(파주: (주)나남, 2012), p.70.

73) 프리츠 하이켈하임, 『로마사』, 김덕수 옮김(서울: 현대지성사, 1999), p.238.

마에 많은 땅을 빼앗겼을 뿐 아니라, 해군을 해체해야 했고, 전쟁에 대한 책임으로 배상금 1만 5천 달란트[72]를 물어주어야 했기 때문입니다. 이 액수는 고대에 징수된 배상금 가운데 손꼽힐 정도의 거액에 해당하는 엄청난 액수입니다.[73]

안티오쿠스 3세는 로마에 배상금을 주기 위해 자기 나라 모든 신전들의 재산을 압류했습니다. 그리고 헬리오도로스(Heliodorus)를 시켜 속국인 예루살렘 성전까지 압류하라는 명령을 내렸습니다.

74) 마르틴 헹엘, 『유대교와 헬레니즘 1』, 박정수 옮김(파주: 나남, 2012), pp.70~71.

75) 프리츠 하이켈하임, 『로마사』, 김덕수 옮김(서울: 현대지성사, 1999), p.238.

이것은 안티오쿠스 3세 당시 셀루커스의 재정 상태가 얼마나 심각했는지를 보여주는 것이었습니다.[74] 그러자 나라 곳곳에서 백성이 안티오쿠스 3세에게 반기를 들었고, 결국 안티오쿠스 3세는 B.C.187년 수사에서 신전을 약탈한 뒤에 암살당하고 맙니다.[75]

안티오쿠스 3세가 죽자 셀루커스 4세가 왕이 되는데, 그도 로마에 바쳐야 하는 전쟁 배상금 때문에 예루살렘 성전을 강탈하려 했습니다. 그러자 유대에서 또다시 심한 반대가 일어났고, 오래지 않아 그도 곧 암살당하고 맙니다.

B.C.175년 셀루커스 4세의 동생 안티오쿠스 4세가 왕이 됩니다. 그는 스스로 자신을 안티오쿠스 에피파네스(Antiochus Epiphanes), 즉 '신의 현현'(顯現)이라는 수식어를

즐겨 사용했습니다. 그러나 그의 희생자들은 그를 안티오쿠스 에피마네스(Antiochus Epimanes), 즉 '미친놈 안티오쿠스'라고 불렀습니다.[76]

안티오쿠스 4세는 돈을 받고 자기 마음대로 '야손'이라는 사람을 유대의 대제사장으로 임명했습니다. 그때까지 유대의 대제사장은 항상 아론의 후손이 맡아왔었고, 다윗과 솔로몬 이후 사독 가문만이 대제사장이 될 수 있었습니다. 바벨론, 페르시아, 헬라의 지배하에서도 지켜졌던 전통이 사라지고 그때로부터 '성직의 매매'가 시행되기 시작한 것입니다.[77] 그리고 대제사장은 종교인에서 권력을 가진 정치인이 된 것입니다.

야손이 대제사장의 자리에 있을 때, 토비아드 가문(Tobiads)의 메넬라우스(Menelaus)라는 사람이 더 많은 돈을 주고 대제사장 자리에 오르는 일도 있었습니다.[78] 이러한 성직의 매매는 이후 계속되어져 A.D.70년 로마에 의해 예루살렘이 완전히 망할 때까지 계속 이어졌습니다.

안티오쿠스 4세는 프톨레미 왕조가 다스리는 애굽(이집트)을 빼앗고 싶어 했습니다. 그래서 여러 번 애굽(이집트)에 선전포고를 하고 국내 사정이 좋아지자 마침내 침략해 들어갔습니다. 그는 대군을 거느리고 펠루시움(Pelesium)[79]

포필리우스 래나스와 안티오쿠스 4세
- 로렌조 리피 作

76) 브루스 M. 메츠거, 『신약성서 개설』, 나채운 옮김(서울: 대한기독교출판사, 1983), p.15.

77) 베르너 푀르스터, 『신구약 중간사』, 문희석 옮김(서울: 컨콜디아사, 2008), p.57.

78) 베르너 푀르스터, 『신구약 중간사』, 문희석 옮김(서울: 컨콜디아사, 2008), p.57.

79) 시나이 반도에 있는 포트사이드에서 남동쪽으로 32km 정도 떨어져 있는 나일강 동쪽 끝 어귀에 위치한 이집트의 고대도시.

을 공격하여 계략을 써서 애굽(이집트)을 장악하기 시작했습니다. 안티오쿠스 4세는 이어 멤피스(Memphis)로 진격하여 그곳을 함락시키고 알렉산드리아를 장악하기 위해 서두르고 있었습니다.[80]

그러자 다급해진 애굽(이집트)의 프톨레미 왕조가 로마에 지원을 요청한 것입니다. 로마의 밀사 포필리우스 래나스(Popillius Laenas)는 안티오쿠스 4세에게 애굽(이집트)에서 철수할 것을 요구했습니다. 결국 제대로 변변한 싸움 한 번 못해보고 안티오쿠스 4세는 로마의 힘에 밀려 퇴각할 수밖에 없었습니다.[81]

B.C.169년 안티오쿠스 4세는 퇴각하면서 유대 땅을 거쳐야 했는데, 로마에 대한 굴욕과 자신의 헬라주의화 정책에 대한 유대인의 반대가 전보다 더 심해진 것을 묶어 예루살렘에 분풀이를 하기 시작했습니다.

물론 안티오쿠스 4세의 통치 이전부터 유대인 가운데 헬라 문화에 동화된 사람들이 존재하기는 했습니다. 그들은 주로 유대의 부자와 제사장들이었습니다.[82] 그러나 그 외의 사람들은 대부분 안티오쿠스 4세의 정책에 따르지 않았습니다. 안티오쿠스 4세는 예루살렘에 '아크라' 라는 요새를 세워놓고 유대인들을 괴롭히기 시작했습니다.[83]

80) 플라비우스 요세푸스, 『요세푸스 II: 유대 고대사』, 김지찬 옮김(서울: 생명의 말씀사, 2009), p.97.

81) 베르너 푀르스터, 『신구약 중간사』, 문희석 옮김(서울: 컨콜디아사, 2008), p.57.

82) D. S. 러셀, 『신구약 중간시대』, 임태수 옮김(서울: 컨콜디아사, 1977), pp.25~26.

83) 아놀드 B. 로드스, 『통독을 위한 성서해설』, 문희석, 황성규 옮김(서울: 대한기독교출판사, 1977), p.285.

안티오쿠스 4세는 예루살렘을 강탈하고, 불지르고, 성전을 늑탈하고, 율법서를 찢고 불사르고, 많은 백성을 학살했습니다. 그리고 각 개인 또는 '머리수'(head)에 부과되는 균일한 금액의 세금인 인두세(Poll tax)와 제왕세(Crown tax), 그리고 성전에 바치는 세금인 성전세(Tribute)[84]와 같은 다양한 세금을 부과시켰습니다.

안티오쿠스 4세는 모세의 율법에 충성하는 자들을 단번에 개종시키든지, 아니면 아예 멸절시켜버리든지 양단간에 결단을 내리기로 결심했다고 합니다.

그래서 율법에 따라 살지 못하게 하는 법령을 선포했는데, 그 내용으로는 안식일을 지키지 말 것과 어린 사내아이에게 할례를 행하지 말 것, 그리고 율법서를 소유해서는 안 된다는 것이었습니다.

왜냐하면 모세의 율법에 충성한다는 것은 셀루커스 왕조에 대한 불충을 의미한다고 여겼기 때문입니다.[85] 안티오쿠스 4세는 자기 아들에게 할례를 행한 부모들의 아기를 죽여 부모들의 목에 죽은 아기를 두른 채 십자가에 매달아 죽이기까지 했습니다.

안티오쿠스 4세의 박해는 B.C.167년 10월(학자들의 견해에 따라, 12월) 절정에 도달했습니다. 예루살렘 성전 안에 올림피아의 제우스 신을 위해 제단과 우상을 세워 놓고, 돼지가


신구약 중간사

---

84) 예수님께서 해마다 성전에 내셨던 성전세가 반 세겔이었다는 기록이 있으며 (마 17:24~27), 디아스포라 유대인들은 매년 유대의 3대 명절에 예루살렘 성전을 방문하여 십일조와 함께 성전세를 바쳤음. 희생 제물로 바칠 동물과 물품을 살 때에 외국 화폐를 성전세를 낼 수 있는 돈으로 교환해야 했음. 이스라엘의 화폐 단위는 5가지로 게라, 베가, 세겔, 미나, 달란트 등이 있었음. 1게라는 1/20세겔, 1베가는 10게라, 1세겔은 2베가, 1미나는 50세겔, 1달란트는 60미나로 계산함.

85) 브루스 M. 메츠거, 『신약성서개설』, 나채운 옮김(서울: 대한기독교출판사, 1983), p.16.

희생 제물로 사용된 것입니다.[86] 그러자 안티오쿠스 4세의 정책에 반대하는 수많은 희생자들이 나오게 되었습니다.

그 희생자들은 대부분 하시딤(Hasidim) 운동에 가담한 경건한 자들이었습니다. 하시딤은 히브리어로 '자비'(헤세드, חֶסֶד)라는 단어에서 나온 말로, 세속적이고 종교에 무관심한 동포들과 구분된 '경건한 자들'을 가리킵니다. 이들은 율법을 다시 탐구하고 주야로 묵상하기로 작정한 새로운 의미에서 '서기관들'이었습니다.[87]

정통파 유대인들인 그들은 안티오쿠스 4세의 잔인한 종교 탄압을 그들의 죄악으로 인한 하나님의 진노의 표현으로 보았습니다. 때문에 그들은 하나님께서 그들을 향한 진노를 풀고 구원의 날을 내려주시도록 철저하게 율법을 준수할 것을 결심하게 된 것입니다.

그들은 율법을 철저하게 지키기 위해서 일몰에서 시작해서 일몰로 끝나는 안식일을, 일몰 몇 시간 전부터 안식에 들어가고, 다음 일몰 몇 시간 이후까지 연장하면서까지 안식일을 지켰습니다. 하시딤 운동에 참가한 자들은 안티오쿠스 4세의 칙령에 따라 무참하게 살해되어 수많은 순교자들이 발생했습니다. 한자리에서 1천여 명이 살해당하기도 했습니다.

86) 브루스 M. 메츠거, 『신약성서 개설』, 나채운 옮김(서울: 대한기독교출판사, 1983), p.16.

87) 베르너 푀르스터, 『신구약 중간사』, 문희석 옮김(서울: 컨콜디아사, 2008), p.59.

이렇게 하시딤들은 초기 몇 개월간은 안티오쿠스 4세의 탄압에 저항이나 보복하지 않고 이를 받아들였습니다. 그런데 모데인(Modein)의 한 원로 제사장이 세상을 바꾸기 시작했습니다. 그것이 바로 유대의 마카비 혁명입니다.[88]

● 시리아를 통치한 셀루커스 왕조[89]
셀루커스 1세 – Nicator/ B.C.312~280
안티오쿠스 1세 – Soter/ B.C.280~261
안티오쿠스 2세 – Theos/ B.C.261~246
셀루커스 2세 – Callinicus/ B.C.246~226
셀루커스 3세 – Keroneos/ B.C.226~223
안티오쿠스 3세 – B.C.223~187
셀루커스 4세 – Philopator/ B.C.187~175
안티오쿠스 4세 – Epiphanes/ B.C.175~163
안티오쿠스 5세 – Eupator/ B.C.163~162
데메트리우스 1세, 데메트리우스 2세와 알렉산더,
발라스의 권좌를 위한 투쟁
알렉산더 발라스 – B.C.150~145
데메트리우스 2세 – B.C.145~139
안티오쿠스 7세 – B.C.139~134

88) 브루스 M. 메츠거, 『신약성서개설』, 나채운 옮김(서울: 대한기독교출판사, 1983), p.16.

89) 레이몬드 설버그, 『신구약 중간사』, 김의원 옮김(서울: 기독교문서선교회, 1999), pp.34~35.

# CHAPTER 3

# 마카비 혁명과 신구약 중간사

# 마카비 혁명의 발단

안티오쿠스 4세의 탄압이 극심할 때, 회개와 갱신을 위한 하시딤 운동에 직접 참여하지는 않지만 율법에 충실한 삶을 사는 유대인들이 있었습니다. 예루살렘 북쪽 모데인 (Modein)이라는 곳에 다섯 아들[1]을 둔 하스몬(Hasmon)가의 연로한 제사장 마타디아(Mattathias, B.C.167~166)가 바로 그런 사람이었습니다.

예루살렘 성전을 돼지 피로 모독한 안티오쿠스 4세는 대표자 한 사람을 모데인으로 보내 그곳에서도 제우스 신을 위한 제사를 드리라는 명령을 전했습니다. 하지만 모데인 의 제사장 마타디아는 이를 거부했습니다. 그러자 다른 유 대인 한 사람이 제단 앞으로 나와 제사장 마타디아를 대신

1) 요한, 시몬, 유다 마카비, 엘르아살, 요나단.

2) 플라비우스 요세푸스, 『요세푸스 II: 유대 고대사』, 김지찬 옮김(서울: 생명의말씀사, 2009), p.101.

해 제우스 신에게 제사를 드리려 하였습니다. 그 순간 마타디아가 그 유대인과 안티오쿠스 4세가 보낸 대표를 둘 다 쳐 죽여버렸습니다.[2]

3) 플라비우스 요세푸스, 『요세푸스 II: 유대 고대사』, 김지찬 옮김(서울: 생명의말씀사, 2009), p.102.

그러고 나서 마타디아는 그의 다섯 아들과 그를 따르는 추종자들을 데리고 모든 재산을 버려둔 채 사막으로 피해 동굴에 숨었습니다. 안티오쿠스 4세는 군인들로 하여금 그들을 뒤쫓게 하여 안식일에는 그들이 무방비로 저항하지 않을 것을 알기에, 그들이 숨어 있는 동굴을 막아 어린아이들과 여자를 포함해서 1천 명을 죽였습니다.[3]

4) 베르너 푀르스터, 『신구약 중간사』, 문희석 옮김(서울: 컨콜디아사, 2008), p.61.

그때까지 안식일을 범하느니 차라리 안티오쿠스 4세의 손에 살해되는 쪽을 택했던 하시딤들까지 이 대학살에 충격을 받아 마타디아와 연합하게 되었습니다.[4]

그러자 마타디아는 그때부터 안식일을 포함하여 언제든 낮에는 은둔하고, 밤에는 공격을 감행하게 했습니다. 마타

디아를 따르는 추종자들은 이방제단을 헐어버리고, 어린
사내아이들에게 강제로 할례를 행했으며, 할례를 행하지
못하도록 방해하며 감시하던 왕의 관리들을 내쫓았고, 모
세의 율법 준수를 힘자라는 한 보장해 주었습니다. 이 무
력항쟁은 1년이나 계속 되었습니다.

B.C.166년 이렇게 힘겨운
무력항쟁을 1년간이나 이끌
어오던 마타디아가 죽고 맙
니다. 마타디아는 아들들에
게 다음과 같이 유언을 남겼
다고 합니다.

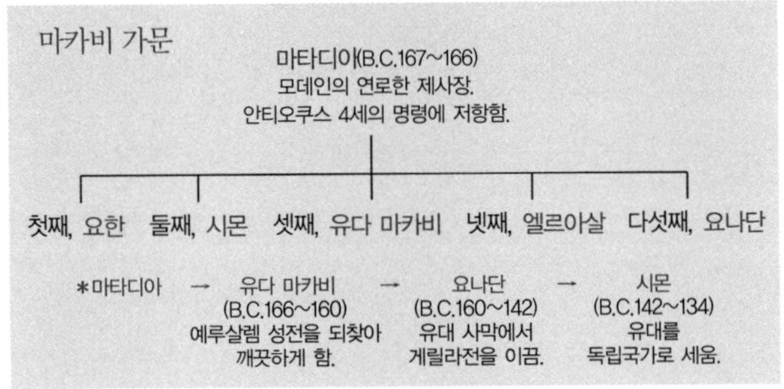



"율법에 대해 열심을 보일 것이며 우리 조상들의 언약을
위해 목숨을 바쳐라."

그리고 '망치질하는 자'라는 뜻의 '마카비'(Maccabeus)라는
별명을 가진 그의 셋째아들 유다(B.C.166~160)에게 후계자의
자리를 물려주었습니다.[5]

5) 브루스 M. 메츠거, 『신약성서개설』, 나채운 옮김(서울: 대한기독교출판사, 1983), p.17.

# 유다 마카비, 요나단, 시몬

6) 찰스 F. 파이퍼, 『신구약 중간사』, 조병수 옮김(서울: 한국기독교교육연구원, 1982), p.127.

유다 마카비의 지휘 아래 정규전 대신 게릴라 전법을 사용한 마카비 혁명 가담자들은 코끼리까지 앞장세운 안티오쿠스 4세의 군대에게 연전연승을 거두었습니다. 안티오쿠스 4세는 파르티아의 반란을 진압하기 위한 출정을 해야 했기에, 리시아스(Lysias) 장군 휘하의 대군을 유대로 내려보내 반란군을 진압하게 했습니다.[6]

리시아스는 유대 산지를 공격하기 위해 니카놀(Nicanor)과 게올기아스(Georgias)를 지휘관으로 세워 46,000명의 보병과 7,000기의 기병을 보냈습니다. 그런데 유다 마카비가 겨우 3,000명의 군대를 이끌고 급습을 통해 오히려 시리아의 대군을 물리쳤습니다. 그리고 유다 마카비는 니카놀과 게올기아스를 따라 내려왔던 노예 상인들을 포로로 잡아 오히려 그들을 노예로 팔아버렸습니다(B.C.164).[7]

이때 마침 파르티아와 전쟁 중이던 안티오쿠스 4세가 동부 전선에서 전사했다는 소식이 전해졌습니다. 그러자 할 수 없이 리시아스(Lysias) 장군은 전투 대신 마타디아의 아들 유다 마카비와 타협을 하였습니다. 예루살렘 성전은 청결하게 되어 원래의 목적대로 사용될 것이며, 유대인들은 종교의 자유를 누리게 될 것이라는 내용의 타협이었습니다.[8]

B.C.167년 10월부터 B.C.164년 10월까지 3년에 걸친 안티오쿠스 4세의 박해가 끝이 났습니다. 예루살렘 성전이 회복되자, 이 날을 기념하는 축제를 정했는데 그것이 바로 '수전절'(修殿節, the Feast of the Dedication, 혹은 '봉헌절')이고, 오늘날의 유대인들은 '하누카'(Hanukkah, חֲנֻכָּה)로 지키고 있습니다.[9]

유다 마카비는 하시딤들이 원했던 모든 것을 해결한 셈입니다. 그래서 이때 하시딤은 그들의 목표가 이미 달성되었다고 보고 마카비 후원을 취소합니다.[10]

하시딤 군대가 철수하자 유다 마카비의 군대는 상당한 손실을 입게 되었습니다.[11] 그럼에도 불구하고 유다 마카비는 자기와 자기 가문이 이룬 업적에 불만족했는지 유대 온 국민의 완전한 독립을 위한 투쟁을 계속해 나갔습니다.

7) 레이몬드 설버그, 『신구약 중간사』, 김의원 옮김(서울: 기독교문서선교회, 1999), pp.47~48.

8) 브루스 M. 메츠거, 『신약성서개설』, 나채운 옮김(서울: 대한기독교출판사, 1983), p.17.

9) 아놀드 B. 로드스, 『통독을 위한 성서해설』, 문희석, 황성규 옮김(서울: 대한기독교출판사, 1977), p.286.

10) D. S. 러셀, 『신구약 중간시대』, 임태수 옮김(서울: 컨콜디아사, 1977), p.31.

11) 레이몬드 설버그, 『신구약 중간사』, 김의원 옮김(서울: 기독교문서선교회, 1999), p.50.

유다 마카비는 죽을 때까지 실질적인 유대의 완전한 독립을 위한 전쟁을 계속했습니다. B.C.160년 유다 마카비가 죽자, 예루살렘은 7년 동안 대제사장이 없는 공백 상태가 됩니다.

그러자 유다 마카비의 막내동생 요나단(Jonathan B.C.160~142)이 둘째 형인 시몬의 도움을 받아 민족주의 유대인들의 지도자가 됩니다.[12] 유다 마카비가 용맹, 무력, 전략, 결단력으로 정복을 이룬 반면, 요나단은 외교술로 정권을 획득했다 하여 '교활한 자'라는 별명을 얻었습니다.[13]

사태가 이렇게 진행되자 유대에 대해 계속적인 영향력을 행사하고 싶어 했던 셀루커스 왕조는 B.C.152년 유대에 대한 헬라화를 포기하고, 유다 마카비의 막내동생 요나단을 유대의 대제사장으로 임명합니다.[14] 당시 시리아의 셀루커스 왕조는 자국의 심각한 국내 사태와 내전까지 일어난 상황이어서 유대인들에 대해 신경 쓸 여력이 없었기 때문입니다.

덕분에 유대는 평온한 시기를 보낼 수 있었고, 요나단은 심지어 로마와 스파르타를 상대로 조약까지 체결하는 외교권을 행사하기까지 했습니다. 그러나 요나단은 B.C.143년 셀루커스 왕조의 한 장군에게 살해당하고 맙니다.

12) D. S. 러셀, 『신구약 중간시대』, 임태수 옮김(서울: 컨콜디아사, 1977), p.31.

13) 레이몬드 설버그, 『신구약 중간사』, 김의원 옮김(서울: 기독교문서선교회, 1999), p.53.

14) 폴 존슨, 『유대인의 역사』, 김한성 옮김(파주: 살림출판사, 2005), p.241.

요나단의 죽음으로, 마타디아의 아들 가운데 유일하게 남은 생존자 마타디아의 둘째아들 시몬(B.C.142~134)은 고령임에도 불구하고 대제사장직과 유대의 지배권을 함께 물려받습니다. 바로 그해 셀루커스 왕조의 왕 데메트리우스(Demetrius) 2세가 유대의 완전한 정치적 독립을 인정합니다. 유대는 이때로부터 80년간 '독립 국가'를 유지하는데, 이것은 B.C.586년부터 20세기 중반에 이르는 기간 중에 유대인들이 누린 유일한 정치적 독립시기였습니다.[15]

시몬은 헬라파와 하시딤, 그리고 마카비파의 통합이라는 위대한 업적을 남겼습니다. 때문에 유대인들은 시몬에게 절대군주의 지위를 가지게 하고, 국가 통치자의 직위를 그 가문이 세습하도록 하게 했습니다.[16]

그러나 시몬마저도 평화롭게 죽지 못했습니다. B.C.134년 시몬이 여리고 평원의 독(Dok)이라는 요새를 시찰하던 중, 사위 프톨레미(Ptolemy)에게 살해당하고 만 것입니다. 시몬의 부인마저도 사위에게 인질로 잡혀 있다가 얼마 후 잔인하게 살해당했습니다.[17]

그러나 시몬의 아들 요한 힐카누스(John Hyrcanus)는 다행히 도피하였습니다. 그는 프톨레미가 살해할 것이라고 경고를 했음에도 불구하고 예루살렘으로 가서 아버지가 담당하던 대제사장직을 승계하였습니다.[18]



15) 브루스 M. 메츠거, 『신약성서 개설』, 나채운 옮김(서울: 대한기독교출판사, 1983), p.18.

16) 레이몬드 설버그, 『신구약 중간사』, 김의원 옮김(서울: 기독교문서선교회, 1999), pp.54~55.

17) 레이몬드 설버그, 『신구약 중간사』, 김의원 옮김(서울: 기독교문서선교회, 1999), p.56.

18) D. S. 러셀, 『신구약 중간시대』, 임태수 옮김(서울: 컨콜디아사, 1977), p.33.

# 사두개파

19) 베르너 피르스터, 『신구약 중간사』, 문희석 옮김(서울: 컨콜디아사, 2008), p.65.

안티오쿠스 4세의 박해에 대항하기 위해 시작된 마카비 혁명 초기에는 하시딤과 마카비 일가가 동맹을 맺었습니다. 그때에는 마카비 일가가 하시딤의 새로운 율법해석을 받아들였던 것입니다. 그런데 요나단이 통치하던 시대에 이르러서 하시딤이 마카비 가문과 뜻을 달리하면서 유대는 마침내 세 부류로 나누어졌습니다. 그들이 사두개파(Sadducees)와 바리새파(Pharisees), 그리고 에세네파(Essenes)입니다.[19]

바리새파 사람들이 주로 중간계층의 사람들이라면, 사두개파 사람들은 부유한 귀족층과 특히 예루살렘에서 막강한 세력을 가진 제사장 계급의 사람들이었습니다. 대부분

바리새인과 사두개인
〈그레이스 커뮤니언 인터내셔널〉

20) D.S. 러셀, 『신구약 중간시대』, 임태수 옮김(서울: 컨콜디아사, 1977), p.60.

의 사두개인들이 제사장직을 가지고 있었지만, 그러나 모두 다 제사장직을 가진 것은 아니고 돈 많은 상인, 정부관리, 기타 특수계층의 사람들이 포함되어 있었습니다. 그러므로 근본을 따지고 보면, 사두개파는 종교단체라기보다는 사회적 고위층에 속한 사람들의 모임이라 할 수 있습니다.[20]

21) 레이몬드 설버그, 『신구약 중간사』, 김의원 옮김(서울: 기독교문서선교회, 2004), p.83.

사두개파(Sadducees, 헬라어로는 $\Sigma\alpha\delta\delta o\nu\kappa\alpha\hat{\iota}o\varsigma$)는 솔로몬 왕의 제사장이었던 사독(Zadok)에서 그 명칭이 유래되었다는 견해와 '의로운' 이라는 뜻을 가진 히브리어 '차도크'(tsadowq, צָדוֹק)를 근간으로 만들어진 히브리어 '차다크'(tsadaq, צָדַק)에서 파생되었다는 견해[21]가 있습니다.

B.C.167-168년경 수전절 제정을 시작으로 본격적으로 세력을 키우기 시작한 사두개파는 헬레니즘을 숭상했으며 하스몬 왕가, 그리고 이어지는 로마 제국과도 결탁했기 때문에 유대의 권력이 계속 그들에게 있었습니다. 사두개파는 선지자들의 예언서를 거부하고, 오직 '모세오경'의 권위만 인정했습니다. 때문에 사두개파에게 성경은 오직 모세오경뿐이었습니다.

22) 베르너 푀르스터, 『신구약 중간사』, 문희석 옮김(서울: 컨콜디아사 2008), p.65.

또한 사두개파는 천사와 영의 존재를 반박했으며, 섭리도 인정하지 않았습니다. 이들은 '율법의 울타리' 곧 '장로의 전통' 도 인정하지 않았습니다.[22] 바리새파 가운데서는 강렬했던 메시아 대망과 예견이 사두개파에게서는 촉진되지 않았습니다.

사두개파는 바리새파가 귀하게 여기는 모든 것에 대해 무관심하게 대하거나 철저하게 배격하는 형태를 취했습니다.[23] 사두개파는 유대인들 가운데 두 번째로 중요한 종교적 종파였으나, 첫 번째 종파인 바리새파와 견주어 수효에 있어서도 열세에 있지 않았습니다.

로마가 유대를 합병시켰을 때 유대의 공식 대표는 대제사장이었는데, 이때 대제사장은 계속 사두개인들이 담당하고 있었기 때문에 대제사장(사두개파)은 여전히 지배계급으로 남아 있을 수 있었습니다. 사두개파에 대한 예수님의 평가는 '위선자들'이었습니다. 그들은 예수님의 십자가 처형을 이끈 주도세력이었습니다. 그러한 사두개파의 본거지는 언제나 예루살렘 성전이었으며, 바리새파는 회당에서 그들의 지지자들을 찾아야 했습니다.[24]

바리새파는 개종자들을 환영하고 찾아다녔지만, 사두개파는 귀족이자 대제사장들로 구성된 폐쇄적인 집단이었습니다. 대제사장과 예루살렘 귀족의 일가 외에는 아무도 사두개파가 될 수 없었습니다.[25] 그러나 A.D.70년 예루살렘 성전이 파괴당하자, 사두개파는 종말을 고하게 됩니다. 찰스 파이퍼에 의하면, 현재의 유대교의 근원은 사두개파가 아닌, 바리새파라는 것입니다.[26]

23) 레이몬드 설버그, 『신구약 중간사』, 김의원 옮김(서울: 기독교문서선교회, 2004), p.83.

24) 레이몬드 설버그, 『신구약 중간사』, 김의원 옮김(서울: 기독교문서선교회, 2004), p.84.

25) 찰스 F. 파이퍼, 『신구약 중간사』, 조병수 옮김(서울: 한국기독교교육연구원, 1982), p.161.

26) Ibid., p.161.

# 바리새파

27) 레이몬드 설버그, 『신구약 중간사』, 김의원 옮김(서울: 기독교문서선교회, 2004), p.77.

예수 그리스도의 탄생을 중심으로 그 이전과 그 이후에 살았던 유대인들에게서 가장 크고 영향력 있었던 분파는 바로 바리새파입니다. 신약성경에 다른 어떤 분파보다 바리새파가 가장 많이 등장하는 이유도 이때문입니다.[27]

28) 레이몬드 설버그, 『신구약 중간사』, 김의원 옮김(서울: 기독교문서선교회, 2004), p.78.

바리새파는 그 기원과 효시에 대해서는 아무런 기록이 없습니다. 일반적으로 '바리새'(Pharisee)라는 명칭은 '구별되다' 혹은 '~로부터 분리하다'라는 뜻의 히브리어 '파라쉬'(Parash, פָּרַשׁ)에서 유래한 것으로 봅니다.[28]

바리새파(Pharisees)는 하시딤 운동에 가담했던 자들로 B.C.164년 예루살렘 성전이 재봉헌될 때까지는 유다 마카

바리새인과 세리
- 제임스 티소 作

29) 브루스 M. 메츠거, 『신약성서 개설』, 나채운 옮김(서울: 대한기독교출판사, 1983), p.18.

비를 지지했으나, 그 후에는 그들이 필요로 하는 것은 오직 종교적인 자유뿐이라는 이유로 유다 마카비에 대한 지지를 철회한 자들입니다.[29]

30) 브루스 M. 메츠거, 『신약성서 개설』, 나채운 옮김(서울: 대한기독교출판사, 1983), p.37.

바리새인들은 일반적으로 하시딤에 속했던 자들의 후예로 봅니다. 그들은 마카비 혁명이 종교의 자유를 위한 투쟁의 성격을 상실하고 정치적 패권 다툼에 관심을 기울이자 마카비 가문이 일으킨 반란에 흥미를 잃고 말았습니다. 그들이 '바리새파'('분리된 자들'이라는 뜻)라는 이름으로 처음 등장하게 된 것은 요한 힐카누스의 통치 기간 중입니다.[30]

31) D. S. 러셀, 『신구약 중간시대』, 임태수 옮김(서울: 컨콜디아사, 1977), pp.58~59.

맨슨에 의하면,[31] 바리새는 바리새파의 반대자들이 붙여준 이름으로, '페르시아인'(Persian)을 의미하며 이들이 신학적으로 혁신적인 사상을 가졌다는 뜻으로 붙여준 별명이라합니다.

바리새인들이 '전통'의 열렬한 고수자이기는 하였지만, 그들의 교리 중 일부는 페르시아의 영향을 받은 것이 사실이었기 때문입니다. 예를 들자면, 메시아 왕국, 사후의 생명, 마귀와 천사의 이중성 등.

바리새인들은 종교의식의 준수에 있어 여타 동족들보다 뛰어나다는 것과 율법의 정확한 해설자라는 평가를 들었습니다. 그리고 모세오경만 받아들인 사두개파와 달리 구약성경과 구전법(Oral laws)을 포함하는 모든 책 즉, 오늘날

구약성경에 해당하는 대부분의 책들을 받아들였습니다. 그들은 성경과 구전의 계율을 다 지켰으며, 죽은 자의 부활, 하나님 나라의 도래, 천사와 악마의 존재, 메시아 대망, 그리고 부림절과 하누카 절기를 받아들였습니다.[32]

이들은 율법을 연구하였던 서기관과 학자들을 포함하여 대중으로부터 인정과 존경을 받았지만, 정치권력은 갖지 못한 경건한(?) 평신도들이었습니다. 다시 말해 이들은 소수였고, 정치적 종파도 아니었습니다. 일반 유대 평민들은 율법의 사소한 부분까지 교육받지는 못했을 뿐더러 바리새파가 될 수 있는 여유도 갖지 못했습니다.

바리새파 사람들은 전통적인 해석대로 율법을 엄수하는 것을 강조했기 때문에 일반 대중들을 대하는 태도가 오만 그 자체였습니다.[33] 이들은 사두개파를 형성하고 있는 하스몬 가의 독점적인 정치적 지배를 비판하고 견제했습니다.

레이몬드 설버그[34]는 바리새주의(Pharisaism)가 발전하게 된 이유에 대해 크게 세 가지를 말하는데, 첫째는 율법주의, 둘째는 국가주의, 셋째는 하시딤의 발현으로 봅니다.

율법주의는 바벨론 포로 시대에 시작된 토라 종교(the religion of Torah)를 말합니다. 바벨론에서 귀환 이후 유대 사회는 성전 제사의 확장으로 회당에서의 율법 공부가 강조되었는데, 에스라, 느헤미야의 지도하에 전통적인 율법해



32) 아놀드 B. 로드스, 『통독을 위한 성서해설』, 문희석, 황성규 옮김 (서울: 대한기독교출판사, 1977), p.307.

33) 월리스턴 워커, 『세계기독교회사』, 강근환, 민경배, 박대인, 이영헌 옮김(서울: 대한기독교서회, 1975), pp.21~22.

34) 레이몬드 설버그, 『신구약 중간사』, 김의원 옮김(서울: 기독교문서선교회, 2004), p.78.

석이 연구되고 생활에 적용되면서 후대에 이르러 바리새
인들에게서 가장 잘 표출되었다고 보는 것입니다.

국가주의는 유대인들이 바벨론에서 소수로 살면서 발전된
것으로, 귀환 이후에도 이 정서가 유대인들로 하여금 다시
그들의 동질성과 국가의 구현을 강조하게 만든 것으로 보
는 것입니다. 유대인들의 일련의 군사행동은 근동 아시아
를 헬라화 하려는 시리아군과 투쟁하면서 그들이 특별한
민족임을 주장할 필요와 함께 발전했다고 봅니다.

마지막으로 바리새주의가 발전하게 된 이유는 바로 하시
딤의 출현이라고 보는 것입니다. 하시딤은 유대인들 사이
에서 종교가 세속화되어 가는 것에 경악하고, 유대인들의
생활을 지배하는 이교적인 정신에 놀라면서 출현한 집단
이라는 것입니다.

요단 동북부 지역에 위치한 데가볼리(Decapolis)에는 헬라어
를 사용하는 주민들이 많이 살았는데, 그들은 그리스의 찬
란한 문화에 현혹되었고 영향을 받기도 했습니다. 그리스
의 생활방식과 예절, 어투를 사용한다는 것은 유대인들이
헬라 사회에서 정치적으로 성공할 수 있는 길이었습니다.
데가볼리의 유대인들과 같은 사람들이 그리스 철학과 문
학, 종교에 심취하면서 유대교 신앙이 도전받게 됨에 분노
한 집단이 하시딤인 것입니다.

하시딤은 모든 가능한 수단을 동원하여 유대인들을 헬라
화시키려는 자들의 노력을 배격하는 특수한 집단이 되었
습니다. 이들은 스스로 제물이 되면서까지 율법과 야훼 경
외, 조상의 종교를 고수하였기 때문에 마카비의 반란 때에
탁월한 활동을 수행할 수 있었던 것입니다. 하시딤은 이름
을 밝히지 않은 바리새파의 선구자였던 것입니다.

바리새파는 자신들의 복장을 통해 다른 분파들과 구별하
였습니다. 그들은 그들이 차는 경문(Phylactery)을 넓게 하여
옷술을 크게 하였습니다. 송아지 가죽으로 만든 경문으로
'쉐마'를 이마에 두르고 손목에 매고 다녔습니다. 경문의
가죽 주머니에는 쉐마(Shema, שְׁמַע, '이스라엘아 들으라.')와 하나
님의 축복의 약속이 적혀 있었으며, 이것을 통하여 누구나
바리새인을 쉽게 식별할 수 있었습니다.[35]

하스몬 왕조를 거치면서 모세오경만을 성경으로 받아들인
사두개파와 구약성경 전체를 받아들인 바리새파 간의 분
쟁은 나라를 수년간 찢어 놓았고, 결국 내란까지 발생시킵
니다.

존 스토트[36]는, 바리새인들은 하나님의 말씀에 무엇인가
를 더하려는 반면, 사두개인들은 성경에서 무엇인가를 빼
내는 사람들이라 정의합니다. 때문에 이 두 부류는 신구약
중간기를 포함해 신약성경 전체에 걸쳐 끝까지 평행을 달
리며 싸웁니다.

35) 레이몬드 설버그, 『신구약 중
간사』, 김의원 옮김(서울: 기독교문
서선교회, 2004), p.80.

36) 존 R. W. 스토트, 『논쟁자 그
리스도』, 한중식 옮김(서울: 심지,
1983), p.84.

# 에세네파와 묵시문학

에세네파와 바리새파의 공통점이 있다면 이들 두 분파는 모두 하시딤의 신앙고백을 계승하였다는 것입니다. 바리새파는 역사적으로 유대교의 구조 속에서 그들의 엄격한 전통을 유지하였고, 그들의 구별은 불결에 대한 것이었지, 제도적인 유대교 자체에 대한 것은 아니었습니다.

37) 찰스 F. 파이퍼, 『신구약 중간사』, 조병수 옮김(서울: 한국기독교교육연구원, 1982), p.162.

비록 성전 예배가 사두개인들에 의해 집행되었지만, 바리새인들은 그것을 그들의 종교 유산의 기본적인 부분으로 간주했던 것입니다. 그에 비해 에세네파는 대부분의 생활을 사해 사본이 발견된 쿰란에 있는 본거지와 같은 수도원적인 공동체 생활을 한 것이 특징이라 할 수 있습니다.[37]

에세네파 운동이 일어나게 된 이유는 마카비 혁명과, B.C.88년의 알렉산데스 야나이우스(Alexander Jannaeus)와 바리새파간의 전쟁 비슷한 논쟁 때문이었습니다.[38] 에세네파는 더 이상 예루살렘 성전이 유대교의 중심이 될 수 없다고 믿었고, 대신에 율법의 준수가 진정한 예배이며 유대교라고 믿었습니다.

이렇듯이 에세네파는 성전을 중심으로 한 사두개파의 통치를 인정하지 않았으므로, 유대의 세속 정치와 대중들로부터의 분리를 선언했습니다. 사해(死海) 주변 쿰란에서 공동체를 이루어살던 에세네파 공동체는 종교적 공동 생활권을 만들고, 장로의 지도하에 공동생활을 하였습니다.[39] 그들은 재산을 공유했으며, 예배와 독서와 공동식사를 중요한 행사로 삼았습니다.

에세네파는 쿰란에서 은둔한 사람들과 시리아의 동굴, 혹은 세례 요한과 세례 요한의 제자들처럼 요단 강 근처 동굴에서 거주하면서 모두 묵시문학의 영향을 받았다고 합니다. 그들의 일부는 폭력적이었고, 또 일부는 평화를 고수했습니다.[40]

사해 두루마리 사본이라고도 하는 쿰란 동굴에서 발견된 쿰란 문서들은 에세네파와 관련되어 있습니다. 이 문서들은 베르너 푀르스터에 의하면,[41] 크게 세 가지 특징을 가지고 있다는 것입니다.



---

38) 베르너 푀르스터, 『신구약 중간사』, 문희석 옮김(서울: 컨콜디아사, 2008), p.75.

39) 폴 존슨, 『유대인의 역사』, 김한성 옮김(파주: 살림출판사, 2005), p.280.

40) 폴 존슨, 『유대인의 역사』, 김한성 옮김(파주: 살림출판사, 2005), p.281.

41) 베르너 푀르스터, 『신구약 중간사』, 문희석 옮김(서울: 컨콜디아사, 2008), pp.105~106.

첫째로는, 에세네파 초기에는 '의의 교사'[42]의 영향이 지배적이었는데, 후기문서에는 그렇게 중요했던 '교사'라는 말이 더 이상 나오지 않는다는 것입니다.

둘째로는, 위경과 비슷한 특징을 지니고 있다는 것입니다. 이것들은 다른 사람의 이름으로, 예를 들어 에녹이나 모세처럼 거짓 서명된 문서들을 말합니다. 왜냐하면 에세네파는 그들의 운동을 위해 다른 권위를 끌어들일 필요를 느꼈기 때문이라는 것입니다. 이 저자들이 익명을 사용했다는 것은 하시딤과도 연결이 되어 있습니다. 하시딤들이 환상이나 익명의 문서들을 사용했기 때문입니다.

셋째로는, 쿰란 사본들은 모두 묵시문학적인 자료를 포함하고 있다는 점입니다. 묵시문학적인 사상은 '보통 사람들에게는 숨겨진 것'들의 계시[43]와 관련된 것들입니다. 묵시문학은 피안에 있는 하나님의 세계에 관련된 것들에 대한 계시를 중심으로 하고 있습니다.

후기의 쿰란 문서들은 묵시문학적 사상에 지배되어 있기 때문에 하시딤 운동과 관련이 있습니다. 대표적인 묵시문학으로는 '희년서'(The Book of Jubilees), '족장들의 유언집'(Testaments of the Twelve Patriarchs), '에티오피아의 에녹서'(Ethiopic Book of Enoch) 등이 있습니다.

유대의 묵시문학은 신구약 중간기[44]에 생겨났고, 한편으

---

42) 쿰란 공동체의 지도자 중에 '의로운 선생'이라 불린 사람을 일컬음. 의로운 선생은 옛 선지자들의 해석을 바로 하는 자였고, 공동체가 그를 의지했다고 함. 그는 바리새인은 아니었으나 그의 율법해석은 바리새인들보다도 더 엄격했다고 전해짐.

43) 계시란, 헬라어 '아포칼룹테인 ἀποκαλύπτειν'으로 '덮은 것을 벗긴다.'라는 뜻입니다.

44) 헬레니즘 시대의 마지막 2세기와 기독교 시대의 최초 1세기 동안 묵시(Apocalypse)라고 불리는 문학 양식이 유대인들 사이에서 발전함. 찰스 F. 파이퍼, 『신구약 중간사』, 조병수 옮김(서울: 한국기독교교육연구원, 1982), p.170.

로는 구약의 계속이라 볼 수 있습니다. 형태로 보아 히브리 예언의 발전형태이기 때문입니다. 이것은 메시아 사상을 '사람의 아들'과 연결시킨 것과 사후의 생명에 관한 교리에서 찾아볼 수 있습니다.

유대 묵시문학의 메시지는 사람들로 하여금 이 고통스럽고 죄 많은 세상에서 시야를 돌려, 역사를 주관하는 하나님의 위대한 목표를 향하게 했습니다. 다가올 메시아 시대는 낙원의 축복을 동반하고 대심판의 날은 악인의 파멸과 의인의 승리를 줄 것이고, 하나님의 왕국이 곧 도래할 것이라는 것이 중요한 메시지였습니다.[45]

유대 사회에는 이외에도 열심당이라고 하는 젤롯당이 있었습니다. 요세푸스는 젤롯당이 A.D.6년경에 시작되었다고 주장하지만, D. S. 러셀은 젤롯당의 출발을 로마 이전까지 훨씬 더 올라가서 찾아야 한다고 주장합니다. 그리고 요세푸스는 젤롯당을 산적이나 강도로 간주했으나, D. S. 러셀은 젤롯당을 애국자로도 볼 수 있다고 주장합니다.[46]

왜냐하면 많은 사람들이 젤롯당을 마카비 가문의 참 정신을 이어간 사람들로 간주하기 때문이라는 것입니다. 파이퍼는 "바리새파가 하시딤의 후계자라면, 젤롯당은 마카비의 후계자이다."라고 말할 정도입니다.[47]

젤롯당은 로마에 대한 항거가 매우 과격하고 정치적이었

45) D. S. 러셀, 『신구약 중간시대』, 임태수 옮김(서울: 컨콜디아사, 1977), p.106.

46) D. S. 러셀, 『신구약 중간시대』, 임태수 옮김(서울: 컨콜디아사, 1977), p.63.

47) D. S. 러셀, 『신구약 중간시대』, 임태수 옮김(서울: 컨콜디아사, 1977), p.59.

기 때문에 폭력적인 성향이 있었습니다. 그러나 그들은 본
래 깊은 종교적 확신을 가진 유대 애국자들의 모임이었습
니다.

48) D. S. 러셀, 『신구약 중간시대』, 임태수 옮김(서울: 컨콜디아사, 1977), p.60.

젤롯당은 토라(율법)를 위해 목숨을 던지는 사람들이었고,
어느 누구에게도 '주'라고 부르지 않았으며, 어느 왕에게
도 조공을 바치지 않았습니다. 그들에게는 오직 하나님만
이 그들의 '통치자'요, '주'였기 때문이었습니다.[48]

49) D. S. 러셀, 『신구약 중간시대』, 임태수 옮김(서울: 컨콜디아사, 1977), p.64.

그들은 고통을 하찮게 여겼으며 죽음도 무서워하지 않았
습니다. 그리고 그들의 친척과 친구들이 그들 때문에 고통
당하는 일이 있어도 그들의 목적을 버리지 않았습니다. 토
라에 대한 열정이 있었기 때문입니다. 그들은 토라를 위하
여 싸울 뿐 아니라, 필요하다면 목숨까지 던질 각오를 했
던 자들입니다.[49]

# 신구약 중간기의 문헌들[50]

## 외경 (外經, Apocrypha)

유대인들에게 히브리 성경은 토라(תורה, 율법), 느비임
(נביאים, 전기 및 후기 예언서), 케투빔(כתובים, 성문서 집)으로 구분
됩니다. 이것은 24권으로 되어 있는데 표준역에 의하면
39권입니다. 이 히브리 성경은 영감을 받은 책이며 〈정경〉
(正經, Canon) 대접을 받은 책들은 "부정한 손으로 만져서는
안 될" 책들이었습니다.[51] 이는 율법서(the Law)와 예언서
(the Prophets)와 성문서(聖文書, the Writings)로 구분하기도 합
니다.[52]

오랜 기간 히브리 성경의 일련의 책들은 '정경화'에 대한
찬반양론이 계속되었는데, 힐렐(Hillel) 학파와 샴마이

50) 한상인은 신구약 중간기의 문
헌을 유대 문서와 고고학적 사료로
나누어 구분함. 유대 문서로는 마카
비1서, 마카비 2서, 아리스테아스의
편지, 요세푸스의 저서, 필로의 저
서, 랍비문서를, 고고학적 사료로는
사해문서, 제논 파피루스, 사마리아
파피루스, 주조화폐, 발굴유적 등.
한상인, 『신구약 중간시대의 역사와
종교 (Ⅰ)』, p.7.

51) D. S. 러셀, 『신구약 중간시대』,
임태수 옮김(서울: 컨콜디아사,
1977), p.65.

52) 브루스 M. 메츠거, 『외경이란
무엇인가』, 민영진 옮김( 서울: 컨콜
디아사, 1979), p.13.

(Shammai) 학파[53] 사이에 아가서와 전도서를 두고 의견이 충돌하였습니다. 결국 A.D.90년 얌니야 회의에서 힐렐 학파의 의견을 받아들여 아가서와 전도서를 정경으로 인정하게 되었습니다. A.D.90년 얌니야 회의[54]는 구약은 24권, 표준역으로는 39권을 정경으로 정하는 매우 중요한 종교 회의로 기록되고 있습니다.[55]

그런데 구약 표준역 39권과 신약 27권 사이인 신구약 중간기에 유대인들이 또 다른 많은 문서를 남겼습니다. 신구약 중간기에 유대인들이 남긴 문서들은 크게 외경과 위경과 사해 두루마리 사본이라 할 수 있습니다.

먼저 〈외경〉(Apocrypha)을 살펴보겠습니다. 외경은 본래의 히브리어 성경 외에 따로 첨가된 자료들이라 하여 개신교에서 부르는 이름으로, 본래 의미는 '감추어진' 이라는 뜻입니다. 그 말은 다시 말해 '가짜' 라는 뜻도 됩니다.[56]

현재 개신교는 구약 39권과 신약 27권, 즉 66권을 정경이라 합니다. 그러나 가톨릭은 신약은 27권으로 개신교와 같지만, 구약은 39권에 7권의 외경이 더해져 46권을 사용함으로 가톨릭의 성경은 66권이 아닌 73권입니다. 그렇다면 왜 개신교와 가톨릭의 성경이 이러한 차이가 있을까 하는 의문이 드는데 이것의 열쇠가 바로 외경(가톨릭에서는 제2경전으로 부름)입니다.

| 가톨릭 성경 | 개신교 성경 |
| --- | --- |
| 구약 46권 (외경 7권 포함) | 구약 39권 |
| 신약 27권 | 신약 27권 |
| 신구약 73권 정경 | 신구약 66권 정경 |

히브리어를 헬라어로 번역한 70인역(LXX) 성경은 처음에
는 모세오경만을 번역했으나, 200년에 걸쳐 점차 히브리
어로 된 39권 성경이 다 번역되고, 거기에 후대의 15권이
더해져 B.C.50년경까지 54권으로 늘어났습니다. 이 70인
역(LXX)이 헬라 제국 전역으로 퍼지게 된 것입니다. 유대
본토에서는 여전히 히브리어 성경을 사용했지만, 디아스
포라 유대인들은 이미 사어(死語)가 된 히브리어 성경보다
는 헬라어로 된 70인역(LXX)을 주로 사용하게 됩니다.



그러다가 성경의 경전 문제(왜냐하면 70인역(LXX)은 매우 가치 있
는 작업이었지만, 히브리어 성경에 포함되지 않은 책들이 있고, 배열순서도
히브리어 성경과 다르기 때문에)[57]를 가지고 성경학자들이 A.D.90
년에 얌니야(예루살렘 부근의 지역)에 모여 이 문제를 가지고
토의했습니다.

57) 아놀드 B. 로드스, 『통독을 위
한 성서해설』, 문희석, 황성규 옮김
(서울: 대한기독교출판사, 1977),
p.297.

이 얌니야 회의의 결정은 아가서와 전도서를 포함한 구약
성경은 39권이고, 헬라어로 된 15권의 후기 문서는 정경
으로써 자격이 없다는 것을 천명하고 이들을 정경에서 제
외시킨 것입니다. 얌니야 회의를 통해 정경에서 제외된
15권의 책은 다음과 같습니다. 1957년 영어 개역 표준성
서(Revised Standard Version)에 실린 각 권의 명칭입니다.[58]

58) 브루스 M. 메츠거, 『외경이란
무엇인가』, 민영진 옮김(서울: 컨콜
디아사, 1979), pp.9~10.

1. 제일 에스드라 (The First Book of Esdras)
2. 제이 에스드라 (The Second Book of Esdras)
3. 토비트 (Tobit)


신구약 중간사

4. 유딧 (Judith)

5. 에스더 부록 (The Addititions to the Book of Esther)

6. 지혜서 (The Wisdom of Solomon)

7. 집회서 (Ecclesiasticus, or the Wisdom of Jesus the Son of Sirach)

8. 바룩 (Baruch)

9. 예레미야의 편지 (The Letter of Jeremiah)

10. 아자리야의 기도와 세 젊은이의 노래
    (The Prayer of Azariah and the Song of the Three Young Men)

11. 수산나 (Susanna)

12. 벨과 용 (Bel and the Dragon)

13. 므낫세의 기도 (The Prayer of Manasseh)

14. 마카베오 상 (The First Book of Maccabees)

15. 마카베오 하 (The Second Book of Maccabees)

그러나 헬라 문화권에 속하여 70인역(LXX)을 오랫동안 경전으로 익숙하게 사용하던 로마교회와 유럽의 교회들은 얌니야 회의의 결정을 따르지 않았습니다. 초기 로마교회 내에서도 15권의 후기문서에 대해서 경전의 격이 떨어지는 것으로 혹평하고 성경으로 인정하지 않는 사제들도 있었다고 합니다.

그러다가 A.D.390년 로마교회(가톨릭)는 70인역(LXX)을 라틴어로 번역했습니다. 그때 히에로니무스(제롬)를 비롯한 많은 사제들이 구약의 헬라어로 기록된 후기문서들을 정경으로 인정하지 않고 구약성경 39권을 정경으로, 후기문서 15권은 〈외경〉이라는 이름으로 분류했습니다. 그리고 "외경은 경전과 동등하지 않지만, 읽어서 유익한 교회의

70인역
[Septuagint, LXX]

책"이라는 해설을 붙였습니다. 이 라틴어 성경을 〈불가타 성경〉이라고 부릅니다.

문희석은[59] 〈불가타성경, Vulgate〉은 제롬의 라틴어 번역이라고 말합니다. 이 제롬의 번역 사업은 A.D.405년에 완성되었고, 제롬이 번역 사업을 벌인 목적은 전에 있었던 벤투스 라티나보다 나은 라틴어 성경을 만들기 위함이었다고 합니다. 〈불가타성경〉은 종교개혁 운동 당시까지도 가장 권위 있는 성경으로 가톨릭교회의 예배에서 경전으로 사용되었습니다.

59) 문희석, 『구약석의 방법론』(서울: 대한기독교출판사, 1982), p.78.



그러나 종교개혁 이후 30년이 지나, 1546년의 트리엔트 종교회의에서 가톨릭교회가 후기 15문서 가운데 11문서를 제2경전으로 승격시켜 구약성경에 포함시키는 결정을 내리게 됩니다. 그 이유는 개신교가 종교개혁을 하면서 구약 성경을 39권으로 주장하는 것은 유대교의 전통을 따른 것이고 이는 사람들에게 혼란을 주었기 때문이라는 것입니다. 그래서 현재 가톨릭교회가 사용하는 성경에는 이 후기 11문서(7권)가 포함되어 있어서 구약이 46권이고, 이 성경이 현재 가톨릭교회의 정경이 된 것입니다.

그렇다면 왜 개신교 구약성경은 46권이 아닌 39권이 되었을까요? 이는 1517년 독일의 종교개혁자 마틴 루터가 성경을 '독일어'로 번역하면서 라틴어 번역본인 〈불가타성경〉 대신 팔레스타인 공동체에서 사용했던 〈히브리어 원어

구약성경〉을 가지고 번역했기 때문입니다. 〈불가타성경〉의 외경 부분에 해당하는 문서를 성경에서 제외시킨 것입니다. 정경의 문제는 이렇게 교회 역사에서 오랫동안 생각 이상으로 심각한 일이었습니다.


### 위경 (僞經, Pseudepigrapha)

신구약 중간기의 문헌들 가운데 두 번째는 〈위경〉입니다. 위경은 '거짓 이름(가명)으로 기록된' 이라는 뜻으로, 외경보다 범위가 훨씬 넓습니다. 학자들도 위경의 범위에 대해 아직까지도 일치된 견해를 내어 놓을 수 없을 정도라고 합니다만, 대략 약 17개에 달하는 문헌을 일컫습니다.[60] 위경은 외경을 포함해 예수 탄생 이전 몇 세기 동안, 즉 신구약 중간기와 A.D. 1세기에 기록된 문서들을 말합니다.

위경은 크게 팔레스타인에서 기원한 것과 헬라에서 기원한 것으로 구분합니다.[61] 먼저 〈팔레스타인에서 기원한 위경들〉 은 다음과 같습니다.

1. 제1 에녹서 6~36, 37~71, 83~90, 91~104
   - B.C.164년경
2. 희년서 – B.C.150년경
3. 12족장의 유언서 – B.C.140~110년경
4. 솔로몬의 시편 – B.C.50년경
5. 욥의 유언서 – B.C. 1세기
6. 모세의 승천서 – A.D.7~28년

60) 아놀드 B. 로드스, 『통독을 위한 성서해설』, 문희석, 황성규 옮김 (서울: 대한기독교출판사, 1977), p.298.

61) D. S. 러셀, 『신구약 중간시대』, 임태수 옮김(서울: 컨콜디아사, 1977), p.97.

7. 예언자들의 생애 - A.D. 1세기
8. 이사야 순교사 - A.D.1~50년
9. 아브라함 유언 - A.D.1~50년
10. 아브라함 묵시록 - A.D.70~100년
11. 제2 바룩서 혹은 바룩의 묵시록 - A.D.50~100년
12. 아담과 이브의 생활 혹은 모세의 묵시록
    - A.D.80~100년

〈헬라에서 기원한 위경들〉은 다음과 같습니다.

13. 무녀의 신탁서: 3권 - B.C.150~120년경
              4권 - A.D.89년경
              5권 - A.D.130년 이전
14. 제3 마카비서 - B.C. 1세기 말경
15. 제4 마카비서
    - B.C. 1세기 말경 혹은 A.D. 1세기 초
16. 제2 에녹서 혹은 에녹 비밀서 - A.D.1~50년
17. 제3 바룩서 - A.D.100~175년

## 사해 두루마리 사본[62]

신구약 중간기의 문헌들 가운데 세 번째는 〈사해 두루마리 사본〉입니다. 사해 두루마리 사본은 쿰란 사본이라고도 부릅니다. '사해 두루마리' 라는 용어는 1947년 이래로 사해의 몇 계곡에 위치한 동굴들에서 발견된 많은 문헌을 말하는 포괄적 명칭입니다.[63] 이 문서들은 가죽에 쓴 것들이 대부분인데 현재까지 발견된 것 가운데 가장 긴 것은 8.6m나 되는 것도 있습니다.

62) 오병세는, 1947년 이후 팔레스타인 사해 부근에서 발견된 고대 히브리 문헌들이 팔레스타인 언어, 역사, 문화 및 종교를 연구하는 데 좋은 재료가 된다고 봄. 특히 신구약 중간시대와 기독교 이해에 도움을 주는 요소가 많다고 주장함. 오병세, 『사해문서와 구약성경 연구―한국성경과 관련하여』(부산: 고신대학, 1981), p.5.

63) 레이몬드 설버그, 『신구약 중간사』, 김의원 옮김(서울: 기독교문서선교회, 1999), p.118.

레이몬드 설버그는 사해 동굴에서 발견된
사본들을 한데 모아 정리했는데 연대별로
다시 정리해보면 다음과 같습니다.[64]

1951년 헤브론 동편의 사해로 들어가는
와디 다라야(Wadi Darajah) 지방의 한 곳인
무라바아트(Murabba'at)의 두 동굴에서 무
더기 자료가 발견되었습니다. 그것들의
연대는 로마의 통치 기간으로 올라가며,
대부분의 문서들은 바르 코흐바(Bar
Kochba)에 의하여 A.D.131~135년에 일어났던 제2의 유대
인 반란과 관계 있는 것들이었습니다.

64) 레이몬드 설버그, 『신구약 중
간사』, 김의원 옮김(서울: 기독교문
서선교회, 1999), pp.118~120.

1952년에도 한 무더기의 파편들이 비잔틴 왕조의 폐허가
있던 키르벳 미르드(Khirbet Mird)에서 발견되었습니다. 이
자료들에 수록된 언어는 헬라어와 히브리어, 팔레스타인
의 아람어이며 그것들의 기원은 기독교 시대의 5세기와
8세기 사이로 연대가 추정됩니다.

1960년과 1961년 또 다른 문서들이 엔 게디(En Gedi)의 남
쪽 유대 광야에 있는 나할 헤버(Nahal Hever Khabrah)와 나할
세엘림(Nahal Se'elim, Wadi Seiyal)에서 탐사 중이던 히브리 대
학의 고고학자들에 의하여 발견되었습니다. 1960년 '두루
마리의 동굴'이라 불리는 하나의 동굴은 나할 세엘림에서
발견되었는데, 이곳은 바르 코흐바의 시대에 누군가가 그

곳에 거주했다는 증거가 되었습니다.

'편지의 동굴'이라 불리는 나할 헤버의 다른 동굴은 바르 코흐바 자신이 쓴 시편의 단편들과 15개의 파피루스를 보존하고 있었습니다. 그 이듬해인 1961년 50 또는 60통의 편지들이 더 발견되었고, 이후 1967년에는 'The Temple Scroll'도 발견되었습니다.

와디 쿰란의 한 동굴에서 발견된 또 다른 자료들도 이따금 '사해 두루마리'(The Dead Sea Scrolls)라고 불립니다. 이 두루마리들은 4천 개 이상의 단편들이 1947년부터 지금까지 조사되었던 259개 중의 각기 다른 동굴에서 발견되었습니다. 학자들은 그것들의 연대를 B.C.200년부터 A.D.70년까지로 추정합니다. 쿰란의 필사본과 자료들은 가죽과 파피루스, 동판들로 된 것들입니다.

# CHAPTER 4

# 하스몬 왕조와 신구약 중간사

# 요한 힐카누스

모데인의 제사장 마타디아로부터 시작된 유대의 마카비 혁명은 그의 아들 유다 마카비, 요나단, 시몬으로 이어지면서 B.C.142년 마침내 시리아의 셀루커스 왕조로부터 독립을 쟁취하기에 이릅니다. 그런데 대제사장이자 동시에 유대의 통치자인 시몬이 B.C.135년 쿠데타로 죽음을 당합니다.

그러자 시몬의 아들 요한 힐카누스(John Hycranus, B.C.135~104)가 아버지의 뒤를 이어 유대의 대제사장 겸 통치자의 자리에 오르게 됩니다. 일반적으로 마타디아에서부터 시몬의 통치까지를 마카비 혁명 시기라고 하고, 요한 힐카누스 때부터는 하스몬 왕조라 부릅니다.

요한 힐카누스〈위키피디아〉

이후 신약시대에 로마 제국의 통치하에서도 대제사장이 예루살렘을 중심으로 그토록 강력한 종교 권력을 행사할 수 있었던 것은 하스몬 왕조의 통치자가 대제사장을 겸하기 시작했기 때문입니다.

요한 힐카누스는 마타디아의 손자답게 용맹스러웠고 정복자다운 삶을 살았습니다. 그는 하나님의 뜻이 다윗 왕국을 회복하는 데 있다고 믿는 근본주의적 신앙에 고취된 인물이었습니다. 그는 특히 '사무엘상'과 '사무엘하'에 집중해서 하나님이 주신 기업 유대 땅 전체를 정복하는 것을 자신의 의무로 알았습니다.

그래서 북쪽으로 사마리아 성을 1년간이나 포위한 끝에 마침내 정복하고 세겜 시(오늘날의 나불루스)를 공략한 후 그리심 산 위에 있는 사마리아 성전을 파괴했습니다. 또한 그리스식 도시인 스키토폴리스를 약탈해 불태우고, 그리스어를 사용하는 사람들을 모조리 잡아 죽이는 일에 열심을 냈습니다.[1]

요한 힐카누스는 그의 통치 초기에 시리아에게 양도했던 해안 도시들을 재정복하고[2] 계속해서 요단 동편으로 진격하여 옛 에돔 왕국인 이두매 지역을 정벌했습니다. 그는 이두매인들에게 학살을 당할 것인가, 아니면 유대교로 개종을 할 것인가 선택하게 했습니다. 이때 개종한 사람이 바로 이후 역사에서 중요한 인물로 등장하는 헤롯의 아버

1) 폴 존슨, 『유대인의 역사』, 김한성 옮김(파주: 살림출판사, 2005), p.247.

2) 찰스 F. 파이퍼, 『신구약 중간사』, 조병수 옮김(서울: 한국기독교교육연구원, 1982), p.133.

하스몬 왕조의 통치자
• 요한 힐카누스(B.C.135~104)
• 아리스토불루스 1세 (B.C.104~103)
• 알렉산데스 야나이우스 (B.C.103~76)
• 살로메 알렉산드라 (B.C.76~67)
• 힐카누스 2세/아리스토불루스 2세(B.C.67~63)

지 안티파터(Antipater, an Idumean)입니다.[3]

그는 유대교로 개종하고 요한 힐카누스의 신하가 되어[4] 후에 유대에서 권력을 차지하기까지 합니다. 또한 요한 힐카누스는 요새로 알려진 페트라까지 정복했습니다.

요한 힐카누스는 죽기 전에 바리새파를 배척하고 스스로 '사두개인'이라 자처했으며,[5] 자기가 발행한 주화에 자기 이름을 새겨 넣은 최초의 유대 군주로서[6] 31년에 걸쳐 정복과 화려한 통치를 하다가 B.C.104년에 죽었습니다.

3) 브루스 M. 메츠거, 『신약성서개설』, 나채운 옮김(서울: 대한기독교출판사, 1983), p.18.

4) 아놀드 B. 로드스, 『통독을 위한 성서해설』, 문희석, 황성규 옮김(서울: 대한기독교출판사, 1977), p.304.

5) 챨스 F. 파이퍼, 『신구약 중간사』, 조병수 옮김(서울: 한국기독교교육연구원, 1982), p.133.

6) 레이몬드 설버그, 『신구약 중간사』, 김의원 옮김(서울: 기독교문서선교회, 1999), p.58.

# 아리스토불루스 1세, 알렉산데스 야나이우스

7) 베르너 푀르스터, 『신구약 중간사』, 문희석 옮김(서울: 컨콜디아사, 2008), p.97.

8) 그의 유대식 이름은 유다(Judah)였으나, 그는 그의 헬라식 이름 아리스토불루스로 불리는 것을 좋아했음.
챨스 F. 파이퍼, 『신구약 중간사』, 조병수 옮김(서울: 한국기독교교육연구원, 1982), p.135.

9) 베르너 푀르스터, 『신구약 중간사』, 문희석 옮김(서울: 컨콜디아사, 2008), p.97.

10) 플라비우스 요세푸스, 『요세푸스 II: 유대 고대사』, 김지찬 옮김(서울: 생명의말씀사, 2009), p.178.

요한 힐카누스는 자기 아내가 자기의 뒤를 이어 여왕이 되는 것을 원했습니다.[7] 그러나 요한 힐카누스가 죽자, 그의 장남 아리스토불루스 1세(Aristobulus, B.C.104~103)는[8] 어머니를 감옥에 가두어 굶겨 죽이고, 세 동생들도 감옥에 가두었습니다. 그리고 자기가 믿었던 넷째 동생도 자신의 부하들이 의심쩍어하자 암살해버렸습니다.[9]

아리스토불루스 1세는 통치체계를 왕정으로 바꾸기 위해 머리에 왕관을 썼습니다. 이는 유대 민족이 바벨론 포로에서 해방되어 고국으로 귀환해온 지 꼭 481년 3개월 만의 일이었습니다.[10] 그는 하스몬 왕가에서 공식적으로 왕의 칭호를 사용한 첫 번째 왕이었습니다.

그러나 얼마 가지 못해 아리스토불루스 1세는 막내동생을 살해한 것에 대해 몹시 후회했다고 합니다. 결국 그는 동생을 죽인 죄책감에 병이 생기게 되었고, 참을 수 없는 고통으로 인해 창자가 썩어 들어가 피를 토할 정도까지 건강이 악화되었습니다. 결국 아리스토불루스 1세는 1년간의 재위(在位)를 끝으로 세상을 떠나고 맙니다.[11]

아리스토불루스 1세 〈아카피미소〉

그는 헬레니즘 애호가라는 의미의 '필헬레네'(Philhellene)라는 별명이 붙을 만큼 헬라를 동경했습니다. 또한 그는 1년이라는 짧은 재위 기간이었지만, 갈릴리 정복군을 조직해서 갈릴리 지방의 비유대인들을 유대 율법에 복종하게 만들었고, 이두레아(Iturea)를 공격하여 그 땅 대부분을 유대에 복속시켰습니다.

아리스토불루스 1세가 죽자, 그의 아내 살로메 알렉산드라[12]는 감옥에서 아리스토불루스의 세 동생들을 풀어주고, 그 동생들 가운데 가장 나이가 많은 알렉산데스 야나이우스(B.C.103~76)와 결혼했습니다.[13]

왕이 된 알렉산데스 야나이우스도 유대를 통치하면서 동시에 대제사장직을 겸했습니다. 그러나 대제사장은 처녀와 결혼해야 하는 법(율법)이 있었습니다. 때문에 바리새파를 중심으로 한 백성은 형의 미망인과 결혼한 알렉산데스 야나이우스를 지지하지 않았습니다.

11) 플라비우스 요세푸스, 『요세푸스II: 유대 고대사』, 김지찬 옮김 (서울: 생명의말씀사, 2009), pp.180~181.

12) 그녀의 이름은 살로메(Salome)였으나, 헬라인들은 그녀를 알렉산드라(Alexandra)라고 불렀음. 플라비우스 요세푸스, 『요세푸스II: 유대 고대사』, 김지찬 옮김(서울: 생명의말씀사, 2009), p.182.

13) 베르너 푀르스터, 『신구약 중간사』, 문희석 옮김(서울: 컨콜디아사, 2008), p.97.

심지어 축제의 화관에서 올리브나무 가지를 뽑아 알렉산데스 야나이우스에게 퍼붓듯 던지기까지 했습니다. 그러자 알렉산데스 야나이우스는 800명을 십자가에 매달아 죽이고, 죽어가는 그들이 보는 앞에서 그들의 아내와 아이들을 살해했습니다. 그러자 8천 명의 사람들이 알렉산데스 야나이우스를 피해 도망했습니다.[14]

사해사본을 연구하는 많은 학자들은 알렉산데스 야나이우스가 '의의 교사'(the Teacher of Righteousness)라고 알려진 경건한 지도자들을 핍박했던 바로 그 '사악한 제사장'이라고 주장합니다. 그러나 알렉산데스 야나이우스는 임종 시에 그의 잘못을 회개했다고 합니다.[15]

반면 알렉산데스 야나이우스는 영토를 다윗 시대만큼 확장하는 등 군사면에서는 매우 탁월했습니다. 바리새파와 민중들에게 지지를 받지 못했던 알렉산데스 야나이우스는 그의 아내 살로메 알렉산드라에게 사두개파 고문들을 해고시키고 바리새인들의 도움을 받아 통치하라는 유언을 남기고 31년간 왕의 자리에 있다가 B.C.76년에 죽었습니다.


14) 베르너 푀르스터, 『신구약 중간사』, 문희석 옮김(서울: 컨콜디아사, 2008), p.99.

15) 찰스 F. 파이퍼, 『신구약 중간사』, 조병수 옮김(서울: 한국기독교교육연구원, 1982), p.138.

# 살로메 알렉산드라, 힐카누스 2세, 아리스토불루스 2세

알렉산데스 야나이우스가 죽자, 그의 아내 살로메 알렉산드라(B.C.76~67)가 여왕의 자리에 올랐습니다. 그녀는 처음에는 아리스토불루스 1세의 아내였다가, 아리스토불루스 1세가 죽자 그의 남동생 알렉산데스 야나이우스와 결혼했던 여인입니다.

그녀는 남편 유언에 따라 바리새인들과 화해하였습니다. 이후 바리새인들의 권한이 매우 커지게 됩니다. 때문에 살로메 알렉산드라는 '섭정'(Regent)이라는 명칭을 가지고 있었지만 실권은 바리새인들에게 상당 부분 넘어갔습니다.[16]

16) 플라비우스 요세푸스, 『요세푸스 II: 유대 고대사』, 김지찬 옮김(서울: 생명의말씀사, 2009), p.197.

그리고 여자인 자신은 대제사장직에 오를 수 없기 때문에

**폼페이우스**
(Pompeius, B.C.106~48)
고대 로마 공화정 말기의 장군이
자 정치인. 지중해의 위력적인 해
적을 소탕해서 명성을 얻음.
B.C.64년 시리아를 정복하고,
B.C.63년 유대를 시리아에 편입
시킴. B.C.60년 율리우스 카이사
르, 크라수스와 함께 로마의 첫
삼두정치를 시작함. B.C.48년 율
리우스 카이사르와의 내전에서
밀려 이집트로 도망했으나, 그곳
에서 암살당함.

17) 플라비우스 요세푸스, 『요세푸
스 II : 유대 고대사』, 김지찬 옮김(서
울: 생명의말씀사, 2009), p.201.

18) Ibid., p.206.

19) 플루타르코스, 『플루타르크 영
웅전 II』, 홍사중 옮김(서울: 동서문
화사, 2007), p.1159.

정치는 자신이 맡고, 대제사장은 장남인 힐카누
스 2세를 임명했습니다. 그러나 대제사장직에 오
른 장남 힐카누스 2세는 야심 있는 인물이 아니
었고, 대신 막내인 아리스토불루스 2세는 매우
야심 있는 인물이었습니다.

아리스토불루스 2세는 자신이 왕과 대제사장직
을 겸하기 위해 어머니가 죽기만을 기다렸습니다. 마침내
살로메 알렉산드라가 73세의 나이에 9년간의 재위를 마치
고 죽자,[17] 아리스토불루스 2세(B.C.67~63)는 그의 형 힐카
누스 2세를 제사장의 자리에서 내쫓아 평민이 되게 하고,
자신의 야망대로 왕과 대제사장직을 겸하는 자리를 차지
했습니다.[18]

그러나 이때 로마의 전쟁영웅 폼페이우스(Pompeius
B.C.106~48)가 시리아를 포함한 동방을 점령하고 있었던 것
이 문제의 발단이 됩니다. 폼페이우스는 아르메니아에서
전쟁을 계속하면서, 그의 장수 중 한 명인 스카우루스
(Scaurus)를 시리아(셀루커스 왕조)로 내려보내 그곳을 먼저 점
령하게 했습니다.

시리아에 당시 내전 때문에 합법적인 왕이 없었으므로 그
곳을 로마의 영토로 만들라는 명령을 내렸던 것입니다.[19]
폼페이우스의 명령에 따라 스카우루스가 시리아를 점령하
러 갔는데, 그때 마침 시리아는 힐카누스 2세와 아리스토

불루스 2세의 권력 싸움으로 혼란에 빠진 유대를 공격하고 있었던 것입니다. 스카우루스도 곧바로 시리아에서 유대로 내려갔습니다.

그러자 힐카누스 2세와 아리스토불루스 2세가 동시에 모두 스카우루스에게 사신을 보내 스카우루스를 돕고 돈을 주겠다는 약속을 했습니다. 스카우루스는 두 형제 가운데 아리스토불루스 2세를 선택했습니다. 스카우루스는 아리스토불루스 2세에게 400달란트를 받고, 유대를 공격하고 있던 시리아와 아리스토불루스 2세의 형 힐카누스 2세 모두를 공격했습니다.

그리고 스카우루스는 당시 시리아의 권력자 아레타스(Aretas)에게 엄포를 놓아, 시리아로 돌아가라고 했습니다. 만약 자기 말을 듣지 않을 경우 로마에 대한 대항으로 여기겠다고 말했습니다. 그리고 스카우루스는 폼페이우스의 명령에 복종하기 위해 시리아로 먼저 돌아갔습니다.[20]

얼마 후 폼페이우스가 아르메니아로부터 시리아에 도착했습니다. 폼페이우스는 당시 왕도 없이 무정부 상태에 있던 시리아를 평정하고, 시리아 동부의 부랑자들을 제거하여 시리아와 페니키아를 로마에 속주로 합병하기 위해서 시리아로 내려온 것입니다.[21]

폼페이우스가 시리아에 왔다는 소식이 전해지자, 시리아

20) 플라비우스 요세푸스, 『요세푸스 II: 유대 고대사』, 김지찬 옮김(서울: 생명의말씀사, 2009), p.210.

21) 프리츠 하이켈하임, 『로마사』, 김덕수 옮김(서울: 현대지성사, 1999), p.405.

22) 플라비우스 요세푸스, 『요세푸스II: 유대 고대사』, 김지찬 옮김(서울: 생명의말씀사, 2009), p.211.

전역에서와 애굽(이집트)과 유대가 폼페이우스에게 사신을 보냈습니다. 물론 예물을 들고 말입니다. 애굽(이집트)에서 온 사신은 폼페이우스에게 금화 4천 개의 값이 나가는 왕관을 예물로 바쳤고, 아리스토불루스 2세도 500달란트나 나가는 금 포도나무를 바쳤습니다.[22]

그리고 얼마 후 힐카누스 2세와 아리스토불루스 2세가 각각 사신을 폼페이우스에게 보냈습니다. 아리스토불루스 2세는 니코데무스(Nicodemus)를 보냈고, 힐카누스 2세는 헤롯의 아버지 안티파터를 보내 폼페이우스에게 서로를 고소하는 내용의 고소장을 제출했습니다.

그러나 정작 그때 폼페이우스는 다른 지역에서 전쟁 중이어서 힐카누스 2세와 아리스토불루스 2세 두 형제가 보낸 사신들을 만나지 못하고, 그 근방 정복을 마친 후 다음해 봄에야 다시 시리아로 돌아와서야 그 고소장들을 읽게 되었습니다.

B.C.64년 폼페이우스가 유대로 들어오자, 두 형제는 다시 폼페이우스 앞에서 서로 자기가 유대의 통치자라고 논쟁을 벌였습니다. 이와 동시에 바리새파 사람들은 폼페이우스에게 대표를 파견하여 두 형제 대신 오히려 로마가 유대를 다스려 달라고 요청했습니다.

아리스토불루스 2세와 그의 측근들의 우유부단한 태도와

약속의 번복은 결국 폼페이우스로 하여
금 3개월 만에 예루살렘을 점령하게 만
들었습니다. 폼페이우스는 이때 대제사
장만 들어갈 수 있는 성전의 지성소에
들어가 유대인들의 분노를 샀습니다.
그러나 성전의 값진 기물들에는 손을
대지 않고 그대로 두었고 성전 제사는
계속해도 된다는 허락을 했습니다.[23]

폼페이우스는 로마의 이익을 위하여 아
리스토불루스 2세와 그의 두 아들과 두 딸을 로마로 압송
해갔고, 힐카누스 2세를 다시 대제사장의 자리에 올려놓
았습니다.[24]

당시 바리새파는 힐카누스 2세를 지지하고 있었고, 사두
개파는 좀 더 유능한 아리스토불루스 2세를 지지하고 있
었습니다. 폼페이우스가 힐카누스 2세를 지지함으로 이
결정은 폼페이우스도 모르는 사이에 유대 사회에서 바리
새파가 사두개파를 누른 결과를 가져다 주었습니다.[25] 그
리고 폼페이우스는 로마로 귀환하면서 유대에서 1,000달
란트도 더 되는 돈을 빼앗아 가져갔습니다.[26]

힐카누스 2세와 아리스토불루스 2세, 두 형제의 6년에 걸
친 내전의 실질적인 승자는 누구보다도 헤롯의 아버지 안
티파터였습니다.

23) 찰스 F. 파이퍼, 『신구약 중간
사』, 조병수 옮김(서울: 한국기독교
교육연구원, 1982), p.144.

24) 플라비우스 요세푸스, 『요세푸
스 II: 유대 고대사』, 김지찬 옮김(서
울: 생명의말씀사, 2009), p.218.

25) 프리츠 하이켈하임, 『로마사』,
김덕수 옮김(서울: 현대지성사,
1999), p.405.

26) 플라비우스 요세푸스, 『요세푸
스 II: 유대 고대사』, 김지찬 옮김(서
울: 생명의말씀사, 2009), p.218.

힐카누스 2세 치하의 2인자였던 안티파터는 이두매인이었으나 이미 유대교로 개종한 전력이 있었기 때문에, 유대의 내전에서 오히려 로마에 줄을 서는 것이 쉬운 일이었습니다.

27) 베르너 푀르스터, 『신구약 중간사』, 문희석 옮김(서울: 컨콜디아사, 2008), p.100.

안티파터의 로마에 대한 복종은 유대에서 그와 그의 가문에 큰 유익을 가져다주었습니다. 안티파터가 폼페이우스에게 복종한 덕분에 폼페이우스는 안티파터와 안티파터의 두 아들 파사엘루스와 헤롯을 유대 땅 전체의 총독에 임명했습니다.[27]

# 안티파터와 그의 아들 대헤롯

폼페이우스의 명령으로 로마로 끌려갔던 아리스토불루스 2세와 그의 장남 안티고누스(Antigonus)는 로마에서 탈출하여 유대로 쳐들어가 알렉산드리움을 재건했습니다.[28] 그러나 로마군은 끝내 아리스토불루스 2세를 다시 사로잡아 로마로 압송해가서 결국 처형했습니다. 그러나 아리스토불루스 2세의 장남인 안티고누스는 간신히 도망에 성공했습니다.

얼마 후, 로마에서는 1차 삼두정치[29]의 한 거두인 크라수스가 파르티아 원정길에 올랐습니다. 크라수스는 로마 최고의 부자이기는 했지만, 삼두 가운데 군사적인 면에서 가장 명성이 부족했던 자였습니다. 크라수스는 B.C.73년부

28) 플라비우스 요세푸스, 『요세푸스 II: 유대 고대사』, 김지찬 옮김(서울: 생명의말씀사, 2009), p.221.

29) 율리우스 카이사르, 폼페이우스, 크라수스.

〈스파르타쿠스의 난〉 영화 포스터 - 1960년 作

터 3년간 일어났던 노예와 검투사들의 반란인 '스파르타쿠스의 난'을 진압했던 것 외에는 율리우스 카이사르나 폼페이우스에 비해 군사적 명성을 가질 만한 어떤 일도 하지 않았기 때문입니다. 때문에 크라수스의 파르티아 원정은 로마 사람들의 관심이 집중된 일이었고, 이 원정에는 율리우스 카이사르가 그토록 아끼던 자신의 부장 크라수스의 아들까지 참여했던 일이었습니다.

크라수스는 파르티아로 침공해가면서 예루살렘에 들러 예루살렘 성전에서 2,000달란트와 8,000달란트에 달하는 금을 약탈해갔습니다. 로마 최고의 부자였던 크라수스는 전쟁에 나서면서도 먼저 경제적 이득에 너무나도 밝았던 것입니다.

30) 플라비우스 요세푸스, 『요세푸스 II: 유대 고대사』, 김지찬 옮김(서울: 생명의말씀사, 2009), p.224.

요세푸스는 그 당시 예루살렘 성전에 그렇게 많은 돈과 금이 있었던 것은 디아스포라 유대인들과 심지어 아시아인들과 유럽인들까지 예루살렘 성전에 그렇게 많은 헌금을 바치고 있었기 때문이라고 주장합니다.[30]

그러나 크라수스의 파르티아 원정은 실패하고 맙니다. 크라수스는 모든 군사를 다 잃고, 그와 그의 아들도 함께 전쟁터에서 죽습니다. 크라수스의 죽음은 로마의 삼두정치

율리우스 카이사르
- 루벤스 作

31) 프리츠 하이켈하임, 『로마사』,
김덕수 옮김(서울: 현대지성사,
1999), p.438.

라는 균형을 깨뜨림으로 이후 로마 정국은 완전히 뒤집어

지게 됩니다.[31]

**율리우스 카이사르**
(B.C.100~44)
폼페이우스, 크라수스와 함께 로
마의 삼두정치를 시작한 로마의
정치인. 8년간 갈리아를 정복하
고 폼페이우스와 2년간의 내전을
치른 후, 공화정 로마에서 제정
로마의 길을 열었음. 그러나 '종
신독재관'의 자리에서 암살당함
으로 황제의 자리에는 오르지 못
함. 그러나 그의 양아들 옥타비아
누스가 로마의 초대 황제의 자리
에 올랐으며, 그 후 로마는 율리
우스 카이사르가 정해 놓은 청사
진 대로 이루어져 갔음. 율리우스
카이사르의 성(姓)인 카이사르가
'황제'의 뜻이 됨. 성경에 '가이
사'로 기록됨.

크라수스가 죽고 난 후, 로마에서는 8년간 갈리아를 정복
한 율리우스 카이사르와 로마에 머물고 있던 폼페이우스
사이의 내전이 발발하게 되기 때문입니다. 로마 원로원은
율리우스 카이사르가 공화정을 접고, 제정으로 갈 것이라
는 의심을 하고 있었던 것입니다.

때문에 로마 원로원은 공화정을 유지하기 위해 폼페이우
스에게 칼을 바치며 율리우스 카이사르를 제거해줄 것을
부탁했습니다. 이 내전을 앞두고 율리우스 카이사르가 "주
사위는 던져졌다."라는 유명한 말을 남겼던 것입니다. 2년
간의 내전은 로마와 주변국에도 막대한 영향을 끼칩니다.

이때 유대의 통치자이자 동시에 대제사장이었던 힐카누스
2세가 그의 신하 안티파터를 통해 율리우스 카이사르에게
많은 돈을 보내 전쟁에 큰 도움을 줍니다. 로마의 내전에
폼페이우스보다 율리우스 카이사르 편에 선 것입니다.

로마로부터 계속 퇴각하여 애굽(이집트)으로까지 피신한 폼
페이우스를 애굽(이집트)의 프톨레미 왕가에서 죽여 머리를
자른 뒤, 머리는 율리우스 카이사르에게 바치기 위해 소금
물에 절여 두고 머리도 없는 시체를 벌거 벗겨 해안가에
방치해 사람들의 구경거리가 되게 하는 비참한 최후를 맞

게 함으로 마침내 2년 만에 로마의 내전이 끝이 납니다.[32] 이는 로마의 공화정이 막을 내리고, 제정으로 가는 길을 열었다고 할 수 있습니다.

명실상부 로마의 통치자가 된 율리우스 카이사르는 애굽 (이집트)에서 로마로 돌아가기 전, 시리아의 문제를 해결하기 위해 배를 타고 시리아로 건너갔습니다. 그러자 안티파터가 시리아로 올라가 율리우스 카이사르를 만났습니다.

율리우스 카이사르는 폼페이우스와의 싸움에서 자신을 도운 유대에 감사를 표하며 유대에 세금을 면제해주고, 힐카누스 2세에게는 그가 원하는 대제사장직을 재확인해 주었습니다. 그리고 안티파터를 극진하게 대해주며 그에게 그가 원하는 유대의 행정장관(Procurator of Judea) 자리를 주고, 또한 로마 시민권을 주었습니다.[33]

율리우스 카이사르가 로마를 향해 시리아를 떠날 때, 안티파터는 시리아 국경까지 율리우스 카이사르를 배웅하고 유대로 돌아왔습니다. 그때부터 안티파터는 힐카누스 2세가 태만하고 느린 성품이라는 것을 알게 됩니다.

율리우스 카이사르에게서 유대의 행정장관 자리를 받은 안티파터는 자기의 장남 파사엘루스(Phasaelus)를 예루살렘과 인근 지역 총독으로 임명하고, 겨우 25세였던 자기의 차남 헤롯에게는 갈릴리를 맡겼습니다.[34]

32) 프리츠 하이켈하임, 『로마사』, 김덕수 옮김(서울: 현대지성사, 1999), p.450.

33) 플라비우스 요세푸스, 『요세푸스 II: 유대 고대사』, 김지찬 옮김(서울: 생명의말씀사, 2009), p.229.

34) 플라비우스 요세푸스, 『요세푸스 II: 유대 고대사』, 김지찬 옮김(서울: 생명의말씀사, 2009), p.232

안티파터(이두매 사람)
장남 : 파사엘루스
차남 : 헤롯
(후에 '헤롯 대왕, 대헤롯'으로 불리게 됨.)

35) 플라비우스 요세푸스, 『요세푸스 II: 유대 고대사』, 김지찬 옮김(서울: 생명의말씀사, 2009), p.233.

안티파터의 장남 파사엘루스는 예루살렘을 다스릴 때 부당하게 일을 처리하거나 권력을 휘두르는 일 없이 아주 잘 다스렸습니다. 그리고 헤롯은 연소함에도 불구하고 정치를 잘했으며, 갈릴리 위쪽 시리아 지역을 휩쓸고 다니던 큰 도적떼를 소탕하여 한 사람도 남김없이 모조리 죽여 시리아인의 사랑까지 독차지했습니다.[35]

36) 플루타르코스, 『플루타르크 영웅전 II』, 홍사중 옮김(서울: 동서문화사, 2007), p.1332.

안티파터는 대제사장 힐카누스 2세가 주는 돈을 로마의 율리우스 카이사르에게 계속 보내면서 마치 자기가 보내는 것처럼 했습니다. 그리하여 안티파터는 율리우스 카이사르의 신임을 계속 받을 수 있었습니다. 그러나 얼마 후, 율리우스 카이사르가 로마의 원로원 회의장에서 암살당하므로 안티파터와 유대는 로마의 든든한 후원자를 잃게 됩니다.[36]

**율리우스 카이사르 암살**
크라수스가 성공하지 못한 파르티아 원정을 앞두고 율리우스 카이사르는 B.C.44년 로마 원로원 회의장에서 키케로(변호사의 아버지)의 배후 조정에 의해 부루트스, 카시우스 등이 앞장서 칼로 암살당함. 이때 "부루트스 너마저!"라는 유명한 말을 남김. 율리우스 카이사르의 죽음으로 로마는 공화정을 계속 유지할 수 있을 것이라 생각했으나, 율리우스 카이사르의 계획대로 로마는 결국 황제가 통치하는 제정의 길로 나아가게 됨.

율리우스 카이사르의 암살에 가담했다가 오히려 정치적으로 반격을 당해 결국 시리아로 망명한 카시우스는 자기가 시리아의 총독이라고 주장하면서 군대를 모으기 위해 돈을 긁어모았습니다. 안티파터는 카시우스를 위해 조공을 거두어들이는 일을 서슴지 않고 했습니다.

37) 레이몬드 설버그, 『신구약 중간사』, 김의원 옮김(서울: 기독교문서선교회, 1999), p.65.

얼마 후 카시우스는 유대로 와서 자기 마음대로 헤롯을 시리아 전역의 총독으로 임명하고 700달란트를 빼앗아 갔습니다. 그런데 카시우스가 유대 땅을 떠난 후 얼마 지나지 않아, 안티파터가 말리쿠스라는 열광적인 유대인에 의해 그만 암살당하고 맙니다.[37]

그 사이 로마에서는 율리우스 카이사르의 양자이
자 후계자인 옥타비아누스와 율리우스 카이사르
의 부하였던 안토니우스가 처음에는 친하게, 그
러나 후에는 내전을 치르면서 권력 다툼에 들어
갑니다. 권력 다툼 초기에는 두 사람 가운데 안토
니우스가 먼저 힘을 가집니다. 이때 안티파터의
두 아들 파사엘루스와 헤롯은 안토니우스에게 아
버지의 죽음을 알리고 도움을 구합니다. 그러자
안토니우스가 파사엘루스와 헤롯을 유대의 분봉
왕으로 임명하여 주었습니다.

그 이유는 안토니우스가 과거에 율리우스 카이사르의 부
관으로 있던 시절 헤롯의 아버지 안티파터와 우정을 맺은
적이 있었기에 안티파터의 아들들을 무척 아꼈을 뿐더러,
특히 헤롯의 정치력을 매우 높이 인정했기 때문입니다.

로마의 1차 삼두정치
율리우스 카이사르,
폼페이우스, 크라수스

로마의 2차 삼두정치
옥타비아누스, 안토니우스,
레피두스

안토니우스가 애굽(이집트)으로 내려가 클레오파트라와 사
랑에 빠졌을 때에 유대의 유력인사 100명이 안토니우스를
찾아가 헤롯을 고소한 적이 있습니다. 그러나 헤롯에 대한
안토니우스의 신뢰가 워낙 높았기 때문에 유대의 유력인
사 100명의 고소도 아무 소용없었습니다.[38]

38) 플라비우스 요세푸스, 『요세푸
스 II: 유대 고대사』, 김지찬 옮김(서
울: 생명의말씀사, 2009), p.260.

얼마 후, 파르티아(Parthia)[39]가 유대로 쳐들어왔습니다. 파
르티아는 아리스토불루스 2세의 아들 안티고누스를 이 전
쟁에 이용했습니다. 안티고누스도 파르티아를 이용하면

39) 현재 이란의 호라 산 지역과
대략 일치하는 고대 지역으로 아르
사케스가 셀루커스 왕조로부터 독
립하여 건국한 고대 이란계 유목민
의 왕국. 크라수스가 파르티아 원정
에 실패해서 죽었고, 율리우스 카이
사르도 파르티아 원정을 앞두고 암
살당했으며, 이후 안토니우스도 파
르티아 원정에 실패함.

정권을 되찾을 수도 있겠다고 판단했기에 서로 힘을 합쳤습니다. 파르티아와 안티고누스는 대제사장 힐카누스 2세와 안티파터의 장남 파사엘루스는 생포해 잡았으나, 차남 헤롯은 놓치고 말았습니다.

안티고누스는 일단 힐카누스 2세의 귀부터 잘라버렸습니다. 왜냐하면 대제사장은 신체가 온전해야 했기 때문에 힐카누스 2세를 대제사장의 자리에서 물러나게 하고 왕이 되지도 못하게 하기 위해서였습니다.

그리고 헤롯이 잡히기를 기다렸습니다. 그러나 헤롯의 형인 파사엘루스가 있는 힘을 다해 헤롯에게 도망가라는 연락을 해주었습니다. 그리고 헤롯이 안전하게 도망했다는 소식을 듣자, 스스로 돌에 머리를 박아 자결했습니다.

헤롯은 온갖 고생을 하며 이두매, 펠루시움, 알렉산드리아, 밤빌리아, 로도스, 부룬두시움을 거쳐 로마로 도망쳐 안토니우스를 만났습니다. 헤롯은 안토니우스에게 자기를 유대 왕으로 임명해주면 막대한 돈을 바치겠다고 약속했습니다.[40]

40) 플라비우스 요세푸스, 『요세푸스 II: 유대 고대사』, 김지찬 옮김(서울: 생명의말씀사, 2009), p.269.

안토니우스는 자기가 임명한 헤롯을 죽이려 한 안티고누스를 참을 수 없었고, 헤롯의 정치력을 높이 사고 있었기에 그 제의를 기꺼이 받아들였습니다. 안토니우스는 헤롯을 원로원 의원들에게 소개하고 이번 기회에 파르티아까지 손봐주기 위해 헤롯을 돕자고 설득했습니다.

놀라운 정치력으로 헤롯은 안토니우스와 로마 원로원의 도움을 받아 30,000명의 보병과 6,000기의 전차로 구성된 로마군을 앞세우고 돌아와 예루살렘을 재탈환하고 완전히 새로운 정권을 세웁니다.[41] 그리고 마침내 안티고누스를 사로잡았습니다. 헤롯은 로마의 법에 따라 안티고누스를 로마로 압송해야 했습니다.

그런데 안티고누스를 로마로 보낸다면 혹시 로마가 안티고누스를 살려둘까 걱정되어 헤롯은 안토니우스에게 거액의 돈을 보내 안티고누스를 죽여 달라고 부탁했습니다. 그래서 안티고누스는 안토니우스에 의해 참수당했습니다.[42] 이로 말미암아 대제사장직과 왕의 통치권을 함께 가졌던 하스몬 왕조는 126년 만에 완전히 끝이 나고 유대의 권력은 이두매 사람 헤롯의 손에 넘어가고 말았습니다.

● 마카비 가문 하스몬 왕조[43]
마타디아
유다 마카비
요나단(★)
시몬(★)
요한 힐카누스(★과 왕)
아리스토불루스(★과 왕)
알렉산데스 야나이우스(★과 왕)
살로메 알렉산드라(왕)

41) 폴 존슨, 『유대인의 역사』, 김한성 옮김(파주: 살림출판사, 2005), p.255.

42) 플라비우스 요세푸스, 『요세푸스Ⅱ: 유대 고대사』, 김지찬 옮김(서울: 생명의말씀사, 2009), p.286.

43) D. S. 러셀, 『신구약 중간시대』, 임태수 옮김(서울: 컨콜디아사, 1977), p.192.

힐카누스 2세(★)

아리스토불루스 2세(★과 왕)

안티고누스(★과 왕)

(★)표시는 대제사장을 겸했다는 표시입니다.

# CHAPTER 5

# 로마 제국과 신구약 중간사

# 로마 제국의 유대 통치
## – 로마 황제, 분봉 왕, 총독, 그리고 유대의 대제사장

B.C. 8세기 북이스라엘에서는 아모스와 호세아 선지자가, 남유다에서는 이사야와 미가 선지자가 하나님의 말씀을 전하고 있었습니다. 그리고 이 시기 앗수르는 제국주의를 팽창시키고 있었고, 애굽(이집트)과 바벨론은 앗수르와 견주면서 고대 근동이 회오리를 치고 있었습니다.

그리스는 아테네, 스파르타, 코린트와 같은 도시 국가들이 생겨나고 있었습니다. 그리고 그 시절 로마에서는 쌍둥이 로물루스와 레무스가 늑대의 젖을 먹고 자라면서 로마라는 나라를 태동시키고 있었습니다.[1]

그런데 신구약 중간기를 지나면서 그 드넓은 헬라 제국이

---

**B.C. 8세기**

북이스라엘: 아모스, 호세아 활동
남유다: 이사야, 미가 활동
앗수르: 제국주의를 펼침
그리스: 도시국가들이 생겨나고 있었음
로마: 로물루스, 레무스 쌍둥이가 늑대 젖을 먹으며 로마 신화를 만들고 있었음.

1) 프리츠 하이켈하임, 『로마사』, 김덕수 옮김,(서울: 현대지성사, 1999), p.58.

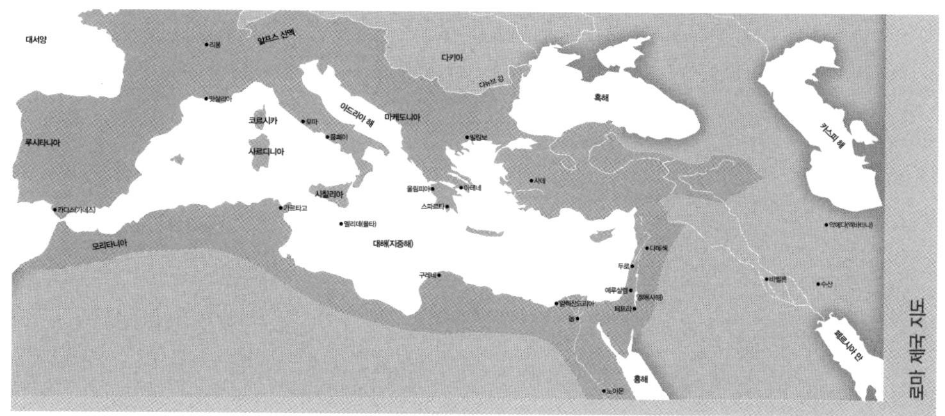


신생국가라 할 수 있는 로마로 다 넘어가고, 로마는 어느 새 아시아, 유럽, 아프리카 3대 대륙을 지배하며 지중해를 마치 그들의 호수처럼 사용하고 있었습니다.

2) 1차 포에니 전쟁(B.C.264~241)
2차 포에니 전쟁(B.C.219~201)
3차 포에니 전쟁(B.C.146)

B.C. 8세기에 시작된 로마는 왕정과 공화정을 거치면서 차츰 발전하다가 120여 년 동안 3차에 걸친 카르타고와의 포에니 전쟁[2]에서 승리함으로 B.C. 2세기 중반부터 제국으로의 길이 열리게 된 것입니다.

로마는 수많은 나라들을 무력으로 굴복시켜 그들의 식민지로 두면서, 원로원 의원들 가운데 전직 집정관들이 총독으로 나가서 식민지를 다스렸습니다.

그런데 율리우스 카이사르의 후계자 옥타비아누스가 로마의 초대 황제 자리에 오르면서, 로마는 원로원 체제가 아닌 제정으로 바뀌게 되면서 식민지를 다루는 방식에도 변화를 가져왔습니다. 제정 체제에서 로마는 황제가 총독

을 파견하고, 총독이 일을 잘못했을 경우 황제가 총독을
소환하는, 다시 말해 황제의 명령이 중요해진 그런 체제
로 전환된 것입니다.

그런데 로마의 유대 통치는 다른 나라들에 비해 다소 독특
한 방식을 취했습니다. 로마의 황제가 다스리는 식민지인
유대에 로마 황제는 통치자로 분봉 왕을 임명하고 동시에
총독을 보내어 정치와 군사를 맡기고, 종교는 유대의 대제
사장에게 맡겨 역할을 분담하게 한 것입니다.

그 이유는, 당시 고대 근동은 대부분 다신교를 믿었으나,
유대는 오래전부터 독특하게 유일신 '여호와 하나님'을
믿었기에 그들의 독특성을 무시할 수 없었던 것입니다. 유
대는 헬라 제국의 헬레니즘에 대해서도 끝까지 저항하고,
그들의 히브리 사상(헤브라이즘)을 주장한 독특한 민족이었
기 때문입니다.

로마가 유대에 이두매 사람 헤롯을 분봉 왕(Tetrarch)[3]으로
임명한 것은 껄끄러운 나라 유대를 통치하는 데 매우 좋은
방법이었습니다. 헤롯은 그의 아버지 안티파터 시절부터
놀라운 정치력을 가진 인물로서 유대인들을 아주 잘 알았
고, 정치적으로 로마를 만족시켰습니다. 그는 로마에서 보
낸 총독과도 잘 지냈으며, 유대의 대제사장과도 무리 없이
국정을 이끌었습니다.

3) 로마 제국이 정복한 영토를 직접 다스리지 않고, 그 지역의 토착 세력에게 위임하여 다스리게 하는 왕을 말함, 한 나라를 넷으로 나누어 그 하나를 통치하는 사람을 이르던 말로 로마인들은 분할된 한 왕국의 지배자나 혹은 왕에 버금가는 주권자를 분봉 왕이라 부름.

4) 폴 존슨, 『유대인의 역사』, 김한성 옮김(파주: 살림출판사, 2005), p.253.

## 악티움 해전

(Battle of Actium, B.C.31년)

율리우스 카이사르의 후계자 옥타비아누스가 이끄는 로마군과 이집트의 클레오파트라와 사랑에 빠진 율리우스 카이사르의 부장이었던 안토니우스를 따르는 로마군이 로마 패권을 두고 그리스 악티움 앞바다에서 격돌한 전투. 악티움 해전은 옥타비아누스의 승리, 안토니우스의 죽음, 프톨레미 왕조의 마지막 여왕 클레오파트라의 죽음으로 끝이 남. 이후 옥타비아누스는 로마의 초대 황제의 자리에 오름.

헤롯은 옥타비아누스가 황제의 자리에 오르기 전인 B.C.40년 유대의 분봉 왕 자리에 올랐었습니다. 그러나 실질적인 통치는 B.C.37년부터 예수 그리스도의 탄생 4년 전까지입니다.[4]

헤롯의 아버지 안티파터는 로마의 1차 삼두정치의 두 핵심에 해당하는 폼페이우스, 율리우스 카이사르와 아주 잘 지냈고, 헤롯은 로마의 2차 삼두정치의 초기 권력자였던 안토니우스와도 매우 가까운 사이였습니다. 그런데 안토니우스와 옥타비아누스가 로마의 권력을 두고 마지막 싸움인 '악티움 해전'을 치를 때, 헤롯은 안토니우스를 배신하고 옥타비아누스 편에 섰습니다.

이것은 헤롯의 탁월한(?) 선택이었습니다. 덕분에 옥타비아누스가 로마의 초대 황제 자리에 오르면서 로마 제국이 요동칠 때에도, 헤롯의 유대 분봉 왕의 자리가 흔들리지 않고 오히려 튼튼하기까지 했던 것입니다. 심지어 헤롯은 그의 사후에, 그의 아들들에게 분봉 왕의 자리를 세습까지 했습니다.

헤롯은 처음에는 유대인들의 환심을 사기 위해 힐카누스의 손녀 마리암네와 결혼했습니다. 그런데 분봉 왕의 자리에 올라 유대를 통치하면서 하스몬가의 주도적인 인물 45명을 처형하고 그들의 재산을 몰수하면서, 결국 자신의

부인과 아들들까지 죽이며 하스몬 왕조와의 관련을 모두 끊었습니다.[5]

로마 제국으로부터 유대의 분봉 왕이라는 자리를 차지한 이두매인 헤롯은 로마와 유대 사이의 독특한 존재였습니다. 그는 로마 제국과 로마 황제, 그리고 유대인들을 동시에 만족시켜야 하는 자리에 있는 왕이었습니다.

그리고 예루살렘 성전을 중심으로 하는 부유한 유대의 종교 지도자들과 가난한 유대의 민중 사이에서, 그리고 로마에서 파견한 로마 총독 사이에서 정치력을 발휘해야 하는 '분봉 왕' 이었습니다.

이제 로마가 국방과 치안을 위해 파견한 유대의 총독들을 살펴보겠습니다. 초대 옥타비아누스 황제 때에 총독으로는 코프니우스, 마르쿠스 암비불루스, 안니우스 루푸스가 있습니다. 그리고 로마의 두 번째 황제였던 티베리우스가 파견한 총독들은, 발레리우스 그라투스와 폰티우스 필라투스(Pontius Pilate, 우리 성경에는 본디오 빌라도)입니다.

그리고 시간을 좀 두고 그 이후에 사도 바울 시절에 성경에 등장하는 로마 총독으로는 펠릭스(우리 성경에는 벨릭스)와 베스도 등이 유대의 로마 총독으로 기록되어 있습니다.

로마는 그들의 식민지 백성에게 '평화' 를 가져다주고, '관

5) 베르너 푀르스터, 『신구약 중간사』, 문희석 옮김(서울: 컨콜디아사, 2008), p.116.

### 유대를 통치한 로마 황제

- 옥타비아누스 (Octavianus, B.C.27~A.D.14)
- 티베리우스 (Tiberius, A.D.14~37)
- 칼리굴라 (Caligula, A.D.37~41)
- 클라우디우스 (Claudius, A.D.41~54)
- 네로 (Nero, A.D.54~68)
- 베스파시아누스 (Vespasian, A.D.69~79)
- 티투스 (Titus, A.D.79~81)
- 도미티아누스 (Domitian, A.D.81~96)
- 네르바 (Nerva, A.D.96~98)
- 트라야누스 (Trajan, A.D.98~117)
- 하드리아누스 (Hadrian, A.D.117~138)

### 유대를 다스린 로마 총독

- 코포니우스 (Coponius)
- 발레리우스 그라투스 (Valerius Gratus)
- 본디오 빌라도 (Pontius Pilate)
- 쿠피우스 파투스 (Cuspius Fadus)
- 티베리우스 알렉산더 (Tiberius Julius Alexander)
- 쿠마누스 (Ventidius Cumanus)
- 벨릭스 (펠릭스, Felix)
- 베스도 (페스토스, Festus)
- 알비누스 (Lucceius Albinus)
- 가이우스 케스티우스 플로루스 (Gaius Gessius Florus)

용'을 베푼다는 이미지를 주는 것을 좋아했습니다. 그래서 점령지에 총독을 보내면서 소수의 병력만을 배치했습니다.

그러나 "모든 길은 로마로 통한다."고 했듯이 식민지에 반란이 일어날 경우 로마 제국 전역에 깔린 그들의 고속도로를 통해 언제든 대규모 군인들을 보낼 수 있었습니다. 때문에 각 나라에 파견된 총독들은 로마와 언제든 핫라인이 형성되어 있었고, 총독과 소수의 병력은 그들의 식민지에 '보여주는' 이미지일 뿐이었습니다.

로마 총독은 유대를 통치하면서 유대를 자극하지 않기 위해 병력을 예루살렘이 아닌 가이사랴에 주둔시켰습니다. 총독의 집무실도 가이사랴에 있었습니다. 신약성경의 백부장 고넬료도 가이사랴에 있는 군대에서 근무하고 있었습니다.

6) 베르너 푀르스터, 『신구약 중간사』, 문희석 옮김(서울: 컨콜디아사, 2008), p.167.

로마 총독은 그의 군단의 군인들을 로마 시민 가운데서 징집하지 않고 팔레스타인 자체에서, 즉 사마리아 지역과 가이사랴 지역에서 징집했습니다. 유대인은 군사로 모집하지 않았는데, 그 이유는 그들이 안식일을 준수하기 때문이었습니다.[6]

십자가
– 루카스 크라나흐 作

예루살렘에는 약간의 수비대를 두었습니다. 예루살렘에 주둔한 로마의 수비대는 700명에서 1,000명의 병력이었습니다. 이 수비대는 예루살렘 성전 북서편 구석에 있는 안토니아 성채에 주둔해 있었습니다. 그곳은 예루살렘 성전 지역을 관망하기 쉽고 지휘 감독하기가 용이한 곳이었기 때문입니다.



신약성경에서 사도 바울이 예루살렘 성전에서 폭도들에게 잡혀 죽게 되었을 때 천부장(Tribune)[7] 루시아(Lysias)가 안토니아 성채로부터 이 수비대를 이끌고 즉각 출동한 것입니다. 그리고 예수님의 십자가 처형을 집행한 것도 바로 이들 수비대였습니다.[8]

로마 총독이 유대에서 가지고 있었던 가장 중요한 권한은 '사형 선고'를 내릴 수 있는 것이었습니다. 정치적 문제와 관련이 없는 한 유대는 그들의 사법 체제(산헤드린 공회와 지방의 회당들)대로 모든 일을 처리할 수 있었으나, 사형선고의 확정권만은 로마 총독의 권한이었던 것입니다. 예수님의 십자가 처형은 로마 총독의 이 권한이 어떤 것이었는지를 보여주는 예입니다.

로마는 유대를 통치하면서 종교만은 유대의 독특성을 존중해 주었습니다. 유대인들은 오랜 세월 다른 여러 나라들의 통치에 익숙했지만, 종교 부분을 건드리면 무섭게 폭동을 일으키고 저항했던 많은 전력을 가지고 있었기 때문입니다. 덕분에 유대의 대제사장은 예루살렘 성전을 중심으로 그들의 권한을 최대한 누리며 살 수 있었습니다.

예루살렘 성전은 과거에 앗수르 제국이 포위했다가 18만 5천 명이 죽어 차지하지 못하고 돌아간 적이 있습니다. 그리고 바벨론이 18개월간 포위했다가 무너뜨렸었고, 페르시아 제국이 다시 재건해주었으며, 헬라 제국 시대에도 살아남았고, 로마 제국 시대에도 그 중요성이 더했으면 더했지 줄지 않은 곳이었습니다.

예루살렘 성전은 유대인들에게 종교적으로 중요한 곳이었고, 동시에 어마어마한 돈이 있는 곳이라는 이유로 제국들의 관심에서도 벗어난 적이 없는 곳이었습니다.

예루살렘 성전은 제국을 통한 약탈의 시대에도 막대한 부를 축적했습니다. 페르시아 왕 아닥사스다(아르타크세르크세스)로부터 로마의 옥타비아누스 황제에 이르기까지 외국의 왕들과 정치가들은 예루살렘 성전에 엄청난 양의 금이 있을 것이라 생각했으며, 사실 많은 양의 금이 성전 내부의 특별히 마련된 창고에 보관되어 있었습니다. 왜냐하면 성공한 디아스포라 유대인들은 성전에 엄청난 양의 헌금을 했기 때문입니다.[9]

유대에서는 로마 황제, 분봉 왕, 총독, 그리고 유대의 대제사장들이 정치와 군사와 종교의 통치자의 자리에 있었

9) 폴 존슨, 『유대인의 역사』, 김한성 옮김(파주: 살림출판사, 2005), pp.268~269.

고, 가난한 민중들은 세금에 시달리며 그들을 구해줄 구세주 메시아를 기다리는 '메시아 사상'을 가지고 살아가고 있었습니다.

"디베료 황제가 통치한 지 열다섯 해 곧 본디오 빌라도가 유대의 총독으로, 헤롯이 갈릴리의 분봉 왕으로, 그 동생 빌립이 이두래와 드라고닛 지방의 분봉 왕으로, 루사니아가 아빌레네의 분봉 왕으로, 안나스와 가야바가 대제사장으로 있을 때에 하나님의 말씀이 빈 들에서 사가랴의 아들 요한에게 임한지라"(눅 3:1~2).

# 분봉 왕 헤롯의 정치 I
## – 예루살렘 성전 증축과 가이사랴 신도시 건설

헤롯은 그의 아버지 안티파터에 의해 25세에 갈릴리 지역 총독에 임명되었을 때부터 놀라운 정치력을 발휘했습니다. 그 지역 백성이 가장 원하는 일을 해줌으로 통치자로서 인정을 받은 것입니다.

마치 로마의 폼페이우스가 당시 가장 골칫거리였던 해적을 소탕해 로마뿐 아니라 주변 국가들에게까지 사랑을 받았던 것처럼, 헤롯은 도적떼를 소탕함으로 시리아 사람들까지 그에게 고마움을 표시했던 것입니다.

헤롯은 로마를 등에 업고 유대의 분봉 왕이 되었습니다. 헤롯은 하스몬 가문을 처단하면서 그가 얼마나 무섭고 힘

10) 베르너 푀르스터, 『신구약 중간사』, 문희석 옮김(서울: 컨콜디아사, 2008), p.117.

있는 왕인지를 보여주었습니다. 동시에 헤롯은 불모의 지역들을 식민지로 개척하고, 예루살렘을 아름답게 꾸미고, 흉년이 들자 사재를 털어 구제에 나서면서 백성의 환심을 사기 위해 노력했습니다.[10]

그러나 무엇보다 헤롯은 두 가지 큰 건축 사업을 통해 유대와 로마 제국을 동시에 만족시켰습니다. 유대인들을 위해서는 예루살렘 성전을 확장 증축해준 것과 로마 제국을 위해서는 가이사랴 신도시를 개발한 것입니다.

유대인들은 바벨론에서 포로생활을 하다가 70년 만에 귀환하여 페르시아 제국의 지원 아래 불타버린 예루살렘 성전을 다시 건축했습니다. 그런데 그 규모가 솔로몬 성전에 비해 초라하기 이를 데 없었습니다.

그 점을 헤롯이 간파한 것입니다. 헤롯은 그의 재위 18년째인 B.C.22년부터 예루살렘 성전을 거대한 규모로 확장 증축하는 공사에 돌입했습니다. 예루살렘 성전은 부분적으로 기초공사는 깊이가 45m까지 내려갔으며, 표면 지역은 가로가 480m, 세로가 300m가 넉넉히 되었습니다.

헤롯은 가이사랴, 여리고, 그리고 몇몇 도성과 함께 예루살렘에 로마와 같은 수도시설 공사를 했습니다. 그리고 성전공사 중 제사장들만 들어가는 곳을 위해서는 1,000명이나 되는 제사장들을 석공으로 훈련시켜 그들을 공사에 투

입시켰습니다.[11]

폴 존슨은,[12] 헤롯이 제사장 가문이 아니어서 성전 안뜰은 들어갈 수 없었기 때문에 성전의 내부 장식에는 돈을 거의 쓰지 않았다고 주장합니다. 대신 외부 장식, 성전문, 내부 시설과 장식에

는 금과 은을 입히는 등 막대한 재원을 사용했다고 합니다. 그리고 건물이 매우 높아서 회랑 위에서 바라보면 현기증이 날 정도였다고 합니다.

헤롯은 성전이 재건[13]되었을 때 크게 기뻐하며 자신이 가장 먼저 수소 300마리를 하나님께 제물로 바쳤습니다. 백성도 하나님께 감사를 드렸으며, 헤롯의 예루살렘 성전 재건의 신속함에 고마움을 표시하고 각자 능력껏 하나님께 희생제물을 드렸습니다.[14]

헤롯에 의해 확장 증축된 예루살렘 성전은 세계적으로 유명했습니다. 요세푸스는 많은 이방인들이 유대인들의 환심을 사기 위해, 또는 경건하다는 이유로 예루살렘 성전에 와서 희생 제사를 드렸다고 주장합니다.

한 예로 B.C.15년 로마의 초대 황제 옥타비아누스의 오른팔이자 친구이며 사위이기도 했으며, 동시에 헤롯의 친구이기도 했던 마르쿠스 아그리파(Marcus Agrippa)[15]는 황소

11) 베르너 퍼르스터, 『신구약 중간사』, 문희석 옮김(서울: 컨콜디아사, 2008), p.118.

12) 폴 존슨, 『유대인의 역사』, 김한성 옮김(파주: 살림출판사, 2005), p.264.

13) 성전 자체는 제사장들에 의해 1년 6개월 만에 지어졌음.
플라비우스 『요세푸스, 요세푸스Ⅱ: 유대 고대사』, 김지찬 옮김(서울: 생명의말씀사, 2009), p.359.

14) Ibid., p.359.

15) 타키투스, 『타키투스의 연대기』, 박광순 옮김(파주: 범우사, 2005), p.44.

100마리를 예루살렘 성전의 희생 제물로 드렸습니다.[16]

예루살렘 성전에서는 이와 같이 엄청난 희생제사가 드려지기 때문에 동물들의 고깃덩이와 많은 양의 피를 신속하게 처리하고 제거해야 했습니다. 그래서 성전 뜰은 거대한 정화시스템 같이 움직였습니다. 성전 뜰 안에 34개의 수조가 있는데, 그 가운데 '바다 모양의 물통'으로 알려진 가장 큰 수조에는 9,092,000리터의 물을 저장할 수 있었습니다.

겨울에는 빗물을 저장했고 여름에는 실로암 샘으로부터 물을 공급받았습니다. 셀 수도 없이 많은 배수관들을 통해서 동물에서 나오는 핏물을 처리하였습니다. 제단 바닥 곳곳에는 희생 제사를 드리는 이들에게만 보이는 물구멍들이 있어 순식간에 피가 씻겼다고 합니다.[17]

헤롯의 또 다른 건축은 가이사랴 신도시 건설이었습니다. 당시 유대에는 예루살렘에 요새화된 안토니아 성채를 가지고 있었습니다.

그런데 헤롯은 사마리아(Samaria)에 예루살렘의 안토니아 성채와 같은 요새를 건설하여 '세바스테'(Sebaste)라고 불렀습니다. 세바스테는 '아우구스투스의 도시'라는 뜻입니


16) 플라비우스 요세푸스, 『요세푸스Ⅱ: 유대 고대사』, 김지찬 옮김(서울: 생명의말씀사, 2009), p.365.

17) 폴 존슨, 『유대인의 역사』, 김한성 옮김(파주: 살림출판사, 2005), pp.267~268.

다. 다시 말해 로마의 초대 황제 옥타비
아누스의 도시를 의미하는 것입니다.

그리고 오래전부터 스트라토의 망대
(Strato's Tower)라고 부르던 곳을 요새화하
여 가이사랴(Cesarea)라고 고쳐 불렀습니
다.[18] 가이사랴란 '카이사르의 도시'라
는 뜻으로 로마 황제의 도시라는 의미
입니다.

헤롯은 가이사랴(카이사르의 도시)라고 고
쳐 부른 지역의 해변이 도시를 건설하기에 좋은 곳이라고
생각하게 되었습니다. 그래서 헤롯은 그곳에 호화로운 왕
궁과 큰 건물들을 짓기 시작했습니다. 특히 사시사철 바다
의 파도와 상관없이 큰 배가 드나들 수 있는 항구를 건설
했습니다.

이 항구는 그리스 아테네의 피래움(Pyreum) 항구보다 작지
않았으며 도시를 향해 이중으로 배를 댈 수 있게 만들었습
니다. 그리고 돌로 경기장을 건설하였으며 항구 뒤편 남쪽
지역에 바다를 바라볼 수 있는 전망이 좋은 곳에 수많은
인원을 수용할 수 있는 거대한 원형경기장을 건설하였습
니다.

가이사랴는 인공적으로 만든 항구였는데, 헤롯은 이곳에

18) 플라비우스 요세푸스, 『요세푸
스 II: 유대 고대사』, 김지찬 옮김(서
울: 생명의말씀사, 2009), p.345.

로마의 초대 황제 옥타비아누스와 신성한 로마를 위한 큰 규모의 신전까지 만들었습니다.

그리고 항구에는 들어오는 배들이 모두 볼 수 있도록 로마와 로마 황제를 의미하는 동상을 한 개씩 세워 로마와 로마 황제를 기쁘게 하였습니다. 가이사랴 신도시 건설은 헤롯의 재위 28년에 완성되었고, 총 공사는 12년이 소요되었습니다.[19]

19) 플라비우스 요세푸스, 『요세푸스Ⅱ: 유대 고대사』, 김지찬 옮김(서울: 생명의말씀사, 2009), p.333.

헤롯은 이렇게 유대인들을 위한 예루살렘 성전 증축 공사와 로마 황제와 로마를 위한 가이사랴 신도시 건설을 통해 유대와 로마를 동시에 만족시키기 위해 노력했습니다. 헤롯은 가이사랴와 예루살렘에 원형경기장(Amphitheatre)을 건설해 5년마다[20] 로마의 황제에게 경의를 표하기 위해 경기 대회를 개최하였습니다.[21]

20) 베르너 푀르스터는 매 4년마다 경기가 열렸다고 주장함.

21) 플라비우스 요세푸스, 『요세푸스Ⅱ: 유대 고대사』, 김지찬 옮김(서울: 생명의말씀사, 2009), p.346.

그러면서 헤롯은 또한 유대인들의 심기를 불편하게 하지 않으려고 카이사르(로마 황제)의 초상만은 단 한 장도 예루살렘에 수입하지 못하게 했으며, 카이사르(성경에는 가이사)의 형상이 박힌 동전도 예루살렘에서는 주조하지 못하게 했습니다.[22]

22) 베르너 푀르스터, 『신구약 중간사』, 문희석 옮김(서울: 컨콜디아사, 2008), p.118.

# 분봉 왕 헤롯의 정치 Ⅱ
## – 베들레헴 유아살해명령

헤롯은 관용성과 친절, 잔인성과 무도성, 야욕과 허영의 이중성격을 가진 자라는 평가를 받습니다. 헤롯의 개인적인 성격은 잔인한 면이 많았지만, 반면 그의 정치력은 로마의 옥타비아누스 황제나 아그리파가 '인정'할 만큼 좋은 평가를 받았습니다.[23] 그러나 성경은 헤롯을 베들레헴에 유아살해명령을 내린 잔혹한 왕으로 기록하고 있습니다.

마태복음의 증언에 의하면, 동방에서 박사들이 별을 보고 예루살렘까지 찾아와 "유대인의 왕으로 나신 이가 어디 계십니까? 우리는 그의 별을 보고 그분께 경배하러 왔습니다."라고 하자 헤롯 왕과 온 예루살렘에 소동이 났다는 것입니다.

23) 베르너 푀르스터, 『신구약 중간사』, 문희석 옮김(서울: 컨콜디아사, 2008), p.120.

헤롯과 동방박사<유리화>

그러자 헤롯이 모든 대제사장과 백성의 서기관들을 모아 놓고 그리스도가 어디에서 나시겠느냐고 물었습니다. 그러자 그들의 대답이 구약성경의 '미가' 서를 근거로 베들레헴이라고 말했습니다.

헤롯은 조용히 박사들을 불러 별이 나타난 때를 자세히 묻고, 베들레헴으로 가라고 안내해주었습니다. 그리고 그들이 아이를 찾으면 자신에게도 알려주어 자신도 그 '유대인의 왕'에게 경배하게 해달라고 부탁했습니다. 정치인의 가장 중요한 덕목(?)인 위선이 발휘되는 장면입니다.

그러나 베들레헴으로 떠난 박사들은 헤롯과의 약속을 지키지 않고 그들 나라로 몰래 가버렸습니다. 그러자 헤롯이 내린 명령이 바로 베들레헴과 그 모든 지경 안에 있는 사내아이를 박사들에게 자세히 알아본 그때를 표준하여 두 살부터 그 아래로 모두 죽이라는 것이었습니다.

유대의 분봉 왕 헤롯은 자기 외에 '유대인의 왕'을 인정할 수 없었습니다. 정적은 어린 아이라 할지라도 살려둘 수 없었던 것입니다. 헤롯은 자기 아내와 아들에게까지도 사형선고를 내렸던 사람입니다.

헤롯의 유아 학살
- 루도비코 마졸리니 作

24) 레이몬드 설버그, 『신구약 중간사』, 김의원 옮김(서울: 기독교문서선교회, 1999), p.67.

25) 브루스 M. 메츠거, 『신약성서 개설』, 나채운 옮김(서울: 대한기독교출판사, 1983), p.19.

26) 윌리스턴 워커, 『세계기독교회사』, 강근환, 민경배, 박대인, 이영헌 옮김(서울: 대한기독교서회, 1975), p.22.

헤롯의 치세 중 마지막 10년(B.C.14~4)은 잔학하고 살인광적인 늙은이로 변했던 기간입니다.[24] 헤롯은 그의 10명의 부인 가운데 2명을 죽였고, 3명의 아들과 처남과 처조부를 살해하였습니다.[25] 때문에 베들레헴의 사내아이들을 죽인 이 일은 헤롯에게는 특별한 일도 아니었습니다.

어린 아이까지 죽이며 분봉 왕의 자리를 지키려 했던 헤롯도 결국 때가 되자 죽었습니다. 헤롯이 죽자, 유대는 그의 아들들에 의해 셋으로 분할되었습니다.

아켈라오(Archelaus)는 유대, 사마리아, 이두매의 통치자가 되고, 헤롯 안티파스(Herod Antipas)는 갈릴리와 베뢰아의 분봉 왕이 되고, 빌립 2세(Philip Ⅱ)는 갈릴리 바다의 동쪽과 북쪽 이방 지역의 분봉 왕이 되었습니다. 그 후 아켈라오는 옥타비아누스 황제에게 폐위당하게 되고, 로마 총독이 그 자리를 대신하게 되었습니다.[26]

● 이두매 왕조
대헤롯 – Herod Great/ B.C.37~4
헤롯 아켈라오 – Herod Archelaus/ B.C.4~A.D.6
헤롯 빌립 2세 – Herod Philip Ⅱ / B.C.4~A.D.34
헤롯 안티파스 – Herod Antipas/ B.C.4~ A.D.39
헤롯 아그립바 – Herod Agrippa/ A.D.41~44
헤롯 아그립바 2세 – Herod Agrippa Ⅱ / A.D.48~53

# 로마 제국의 산물 I
## – 호적, 세리, 백부장과 천부장

누가복음 2장 1절에는 '호적'이라는 단어가 나옵니다. 가이사 아구스도가 내린 명령이 바로 "천하로 다 호적하라"는 것입니다. '가이사'란 로마의 초대 황제 옥타비아누스의 양아버지인 율리우스 카이사르의 성(姓)인 카이사르를 가리키는 것으로, 나중에는 황제를 뜻하는 호칭이 되었습니다.

그러므로 가이사란 카이사르, 즉 '로마 황제'라는 뜻입니다. 그리고 아구스도는 아우구스투스(Augustus)입니다. 이는 로마 원로원 의원들이 옥타비아누스에게 바친 존칭으로 '존엄한 자'라는 뜻입니다.[27] 그러므로 로마의 '존엄한 황제'가 로마 제국 전체에 인구조사 명령을 내렸다는 것

27) 앤서니 에버렛, 『아우구스투스』, 조윤정 옮김(서울: 다른세상, 2009), p.342.

입니다.

28) 프리츠 하이켈하임, 『로마사』, 김덕수 옮김(서울: 현대지성사, 1999), p.567.

아우구스투스가 된 옥타비아누스가 이렇게 제국 전체의 인구를 조사한 이유는 세금을 철저하게 거두어들이기 위함이었습니다. 그 이유는 로마가 황제 체제인 제정으로 바뀌기 전 공화정 후기의 '내전'들이 과거의 원로원이 관장하던 국고 '아이라리움 사투르니'(Aerarium Saturni) 기금을 고갈시켰고 그 세입을 탕진했기 때문입니다.[28]

다시 말해 폼페이우스와 율리우스 카이사르 사이의 내전과 안토니우스와 옥타비아누스 사이의 내전이 국고를 텅 비게 만들어 국가재정이 부족했다는 것입니다.

29) 앤서니 에버렛, 『아우구스투스』, 조윤정 옮김(서울: 다른세상, 2009), p.328.

옥타비아누스는 그의 정적 안토니우스를 물리치고 로마의 초대 황제의 자리에 오른 후, 안토니우스를 로마 남자의 가장 불명예인 '기록말살형'에 처하고,[29] 이어서 가장 먼저 로마 재정을 튼튼히 해야 하는 문제를 해결해야 했던 것입니다. 로마 제국 전체에서 세금을 꼼꼼하게 잘 거두어들이는 것이 황제의 중요한 일이었습니다.

이에 로마 제국하의 모든 식민지 백성은 정해진 날까지 반드시 고향에 가서 인구조사에 응해야 했습니다. 때문에 요셉은 해산을 앞둔 마리아를 그의 고향 베들레헴까지 데려가야 했습니다. 누가복음에 나오는 '호적'은 이처럼 로마 제국의 명령 때문이었습니다.

사복음서에 등장하는 '세리' 또한 로마 제국의 산물입니다. 물론 이스라엘은 그동안 앗수르, 바벨론, 페르시아, 헬라 제국의 지배를 받으면서 끊임없이 엄청난 세금에 시달려 왔습니다. 그런데 로마는 본격적으로 식민지의 자국민을 세리로 임명해 세금의 탈루가 없게 했던 것입니다.

로마 제국하에서 세리는 자국민에게 세금을 거두어 로마에 바치고, 과외로 징수한 것을 가지고 생계를 이어가는 형태를 띠었습니다. 때문에 세리는 유대인들이 증오하는 로마 정부에 고용당한 사람으로 정치적인 앞잡이들로 여김을 받았고, 몹시 멸시 받는 사람들이었습니다.[30]

로마의 세금 징수원들이었던 세리는 당시 유대 사회에서 창기와 동급으로 취급받았을 정도였습니다. 당시 세리들이 거두었던 세금으로는 도시에서 도시로 전입되는 상품의 수출입세, 주에서 주로 가는 선편에 대한 세금, 세금에 부과한 세금, 또한 다리의 통과세, 입항할 때의 세금 등이 있었습니다.[31]

신약성경에 등장하는 백부장(Centurion)과 천부장(Military Tribune) 또한 유대 사회의 산물이 아닌 로마 제국의 산물입니다. 물론 구약성경에 나오는 천부장, 백부장, 오십부장



30) 존 R. W. 스토트, 『논쟁자 그리스도』, 한중식 옮김(서울: 심지, 1983), p.142.

31) 레이몬드 설버그, 『신구약 중간사』, 김의원 옮김(서울: 기독교문서선교회, 1999), p.70.

등은 구약시대의 군사적 지도자들을 지칭하는 호칭이었습니다. 그러나 신약성경의 백부장은 백인대장을, 천부장은 로마 제국의 호민관 혹은 지역사령관을 일컫습니다.

로마의 백부장, 즉 백인대장은 이론적으로 100명의 지휘관이지만 실제로는 50~100명 사이의 부하를 거느리는 로마의 하사관급 장교를 일컫습니다. 신약성경에서 로마 군단의 중추 뼈라고 할 수 있는 백부장이 등장한다는 것은 당시 유대가 로마의 속주였다는 것을 드러내는 것이었습니다.

신약성경에는 다섯 명의 백부장이 등장합니다. 첫 번째 백부장은 자기의 종이 병들어 죽게 되었을 때 예수님을 찾아온 가버나움의 백부장입니다. 두 번째는 사도행전에 나오는 백부장 고넬료로, 그는 경건하여 온 집과 더불어 하나님을 경외하는 자였다고 기록되어 있습니다.

세 번째는 바울을 로마로 호송하는 책임을 졌던 백부장 율리오입니다. 네 번째는 예루살렘에 주재하며 치안 유지에 힘썼던 백부장, 그리고 신약성경에 마지막으로 등장하는 백부장은 예수님의 십자가 곁에서 로마 병사들을 지휘한 백부장입니다.

천부장(호민관, 지역사령관)은 고대 로마에서 군사적인 문제를 처리하거나 시민들을 위해 일했던 관리로서, 로마에서 가장 강력한 권한을 가진 직책에 속했습니다.

로마 제국에서의 천부장은 천 명의 부하들을 지휘하는 장교인데 실제로는 700명에서 1,000명을 지휘했고, 때로는 600명으로 감소되기도 했습니다. 신약성경에는 바울을 예루살렘에서 가이사랴까지 이송시켰던 책임자 글라우디오 루시아 천부장이 등장합니다.

# 로마 제국의 산물 II
– 여행 자유화와 디아스포라 유대인의 예루살렘 방문

"모든 길은 로마로 통한다."라는 말이 있습니다. 이 말은 로마를 중심으로 제국 전체에 쭉쭉 뻗은 길(고속도로)이 뚫려 있었다는 것입니다. 이 길을 통해 군단들이 제국 전역으로 빠르게 이동할 수 있었습니다. 그리고 이 길을 통해 황제의 명령들이 신속히 하달되었고, 총독들의 보고가 황제에게 전해졌습니다.

 로마는 도로와 수도시설 등 공공시설에 대해서 본래부터 어느 제국보다도 발달되어 있었습니다. 거기에 페르시아 제국이 우편제도를 발전시키면서 만들어놓은 길을 잘 활용했습니다.

페르시아 제국은 도로망을 분할하여 규칙적인 간격을 두고 파발꾼들이 대기하는 우편로를 만들었던 것입니다. 페르시아 제국은 111개의 우편역을 수사로부터 사데(Sardis)와 에베소에 이르는 1,677마일의 도로를 따라 배치했습니다. 대상들이 이 도로를 이 끝에서 저 끝까지 여행하려면 90일이나 걸렸지만, 우편역에서 건강한 역말을 사용할 수 있는 왕의 사자들은 일주일 만에 그 길을 주행했습니다.[32]

신약성경 사도행전에서 사도 바울이 도로와 뱃길을 통해 얼마나 먼 거리를 여행했는지를 보면, 가히 놀라지 않을 수 없습니다. 이는 로마 제국의 도로와 항해 사정이 그만큼 좋았다는 것과 여행자의 안전이 보장되었다는 것을 의미합니다.[33]

앗수르, 바벨론 시대는 물론 페르시아, 헬라 제국 시대에도 유대인들이 자유롭게 여행한다는 것은 생각조차 할 수 없는 일이었습니다.

그런데 사도행전을 보면 세계 각국에서 디아스포라 유대인들이 1년에 세 차례, 혹은 최소한 한 차례라도 예루살렘을 방문해 그들의 명절을 예루살렘에서 보냅니다. 이것은 로마 제국의 허락, 혹은 동의 없이는 불가능한 일입니다. 다시 말해 로마 제국은 여행의 자유화가 있는 제국이었다는 것입니다.

32) 찰스 F. 파이퍼, 『신구약 중간사』, 조병수 옮김(서울: 한국기독교교육연구원, 1982), p.43.

33) 윌리스턴 워커, 『세계기독교회사』, 강근환, 민경배, 박대인, 이영헌 옮김(서울: 대한기독교서회, 1975), p.11.

"그 때에 경건한 유대인들이 천하 각국으로부터 와서 예루살렘에 머물러 있더니"<sup></sup>(행 2:5).

사도행전에는 오순절에 세계 각국으로부터 예루살렘에 모인 사람들에 대한 기록이 있습니다. 사도행전에는 유대인의 3대 명절 가운데 하나인 오순절에 예루살렘을 방문한 디아스포라 유대인들과 유대교에 들어온 사람들이 살고 있던 곳이 소개되고 있습니다.

바대, 메대, 엘람, 메소보다미아, 유대, 갑바도기아, 본도, 아시아, 브루기아, 밤빌리아, 애굽, 구레네에 가까운 리비야 여러 지방, 로마, 그레데, 아라비아입니다.[34]

34) 사도행전 2장 9~11절

# 로마 제국의 산물 Ⅲ
## – 십자가, 채석장, 로마 시민권

십자가는 로마 제국의 사형법입니다. 로마 제국의 십자가 처형으로 유명한 것은 스파르타쿠스의 난을 진압하면서 반란에 가담하여 끝까지 저항한 6천 명의 노예들을 한꺼번에 십자가에 매단 사건입니다.

그러나 로마 제국의 십자가 처형은 예수님으로 말미암아 인류 역사에서 가장 유명한 처형으로 남게 되었습니다.

예수님은 유대의 사형법인 돌로 처형당하는 방법이 아닌 로마의 십자가에 못 박혀 죽는 사형법으로 처형당하셨습니다. 사형도구였던 십자가가 이후 로마 제국에서 교회의 가장 높은 곳에 세워지게 된 것입니다.

채석장 또한 로마 제국의 산물입니다. 로마 제국은 가장 큰 죄를 지은 죄인은 십자가에 못 박아 죽이고, 그 다음 중죄인은 노예를 삼아 광산이나 채석장에서 평생 고된 노동을 시켰습니다.[35]

스파르타쿠스가 채석장에서 죽음을 무릅쓰고 도망하여 난(B.C.73~71)을[36] 일으켰을 정도로 채석장은 고되고 험한 곳이었습니다.

사도 요한을 밧모 섬 채석장에 보낸 것은 로마 제국이었습니다. 사도 요한은 그곳에서 하나님의 영에 감동하여 그리스도인의 최후 승리를 노래한 〈요한계시록〉을 기록하였습니다.

'로마 시민권' 또한 말 그대로 로마 제국의 산물입니다. 신약성경에서 바울이 이 로마 시민권자임을 밝힘으로 예루살렘 성전에서 유대의 폭도들로부터 로마 제국의 보호를 받을 수 있었던 것입니다.

로마 시민권이란 로마의 시민임을 증명하는 것으로 참정권, 즉 투표를 하고 각종 선거에 입후보할 수 있는 권리와 로마 군단병이 될 수 있는 권리를 말합니다.[37] 그리고 로마 시민권자는 죄를 짓거나 시비에 휘말려 재판을 받을 때에 황제에게 탄원할 수 있었습니다. 로마 황제는 로마 시

35) 프리츠 하이켈하임, 『로마사』, 김덕수 옮김(서울: 현대지성사, 1999), p.272.

36) 프리츠 하이켈하임, 『로마사』, 김덕수 옮김(서울: 현대지성사, 1999), p.504.

37) 프리츠 하이켈하임, 『로마사』, 김덕수 옮김(서울: 현대지성사, 1999), p.505.

민의 권리를 지켜주는 것을 매우 중요한 일로 여겼기 때문입니다.

로마 시민권은 바울의 경우처럼 세습되는 것이었고, 사도행전 22장 28절에 등장하는 천부장처럼 거액을 주고 사는 경우도 있었습니다. 로마 제국에서 로마 시민권은 거액을 주고 살 만한 가치가 있을 만큼 대단한 권리였습니다.

"천부장이 와서 바울에게 말하되 네가 로마 시민이냐 내게 말하라 이르되 그러하다 천부장이 대답하되 나는 돈을 많이 들여 이 시민권을 얻었노라 바울이 이르되 나는 나면서부터라 하니"(행 22:27~28).

이와 같은 로마 제국의 산물들은 신약성경을 이해하는 데 큰 도움을 줍니다. 왜냐하면 마태복음부터 요한계시록까지 신약성경 27권이 모두 로마 제국을 배경으로 하고 있기 때문입니다.

# 유대 전쟁과 예루살렘의 멸망

 B.C.37년부터 시작된 분봉 왕 대헤롯의 유대 통치는 그의 가문으로 세습되어 A.D.44년까지 이어졌습니다. 그러나 아켈라오가 옥타비아누스 황제에 의해 폐위된 뒤에는 유대, 이두매, 사마리아가 로마 총독 코포니우스(Coponius)에게 지배를 받게 되고, 헤롯 아그립바 1세가 죽은 뒤에 로마는 더 이상 분봉 왕을 통한 통치를 그만두고 유대 전체를 총독에 의한 직접 통치로 바꾸었습니다.

38) 베르너 푀르스터, 『신구약 중간사』, 문희석 옮김(서울: 컨콜디아사, 2008), p.133.

이때의 총독들은 로마 사회에서 기사단 계급에 속한 자들로 로마 황제로부터 직접 통치의 책임을 수여받은 자들이었습니다. 그러나 특별한 경우에는 시리아의 총독이 유대 총독과 유대인들을 중재하기도 했습니다.[38]

로마 총독이 유대를 직접 통치하
면서도 로마는 유대의 대제사장
과 산헤드린 공회를 유지하게 해
주었습니다. 물론 언제든 로마가
간섭할 수 있었기 때문입니다.

그리고 성전의 제사의식도 계속
하게 해주었습니다. 그러나 안토
니아 성채는 로마 군대가 막사로 사용하며 예루살렘을 감
시 감독하였습니다.

그런데 로마와 유대가 충돌하는 부분이 있었습니다. 유대
인과 디아스포라 유대인들까지 매년 한 사람이 두 드라크
마씩 예루살렘 성전에 내는 성전세를 로마가 간섭하고 감
시권을 주장하고 나선 것입니다.[39]

특히 로마의 두 번째 황제 티베리우스가 유대의 총독으로
발레리우스 그라투스, 그리고 이후에는 본디오 빌라도를
보냈는데, 본디오 빌라도가 예루살렘에 수도를 건설하기
위한 자금을 마련하기 위해 예루살렘 성전 금고에 들어간
것입니다.

그러자 유대 민중들이 거세게 항의하며 빌라도를 포위하
였고, 빌라도는 로마 군인들의 도움으로 그 자리를 빠져나
온 일이 있었습니다.

39) 베르너 퍼르스터, 『신구약 중
간사』, 문희석 옮김(서울: 컨콜디아
사, 2008), p.134.

40) 베르너 피르스터, 『신구약 중간사』, 문희석 옮김(서울: 컨콜디아사, 2008), p.139.

빌라도는 예수님의 십자가 처형과 이어서 사마리아인들을 살해하는 실정을 저질렀습니다. 사마리아인들이 시리아 총독 비텔리우스에게 그들의 억울함을 호소하자, 비텔리우스는 빌라도를 유대 총독에서 면직시키고 로마로 보내 재판에 회부시켰습니다.

그러자 유대인들은 그동안 헤롯 이후로부터 로마인들이 보관해오던 대제사장의 예복을 돌려줄 것을 시리아의 총독 비텔리우스에게 요구했습니다. 비텔리우스는 그 요구도 들어주어 대제사장의 예복이 유대로 돌아오게 되었습니다.[40]

그런데 얼마 후, 로마의 세 번째 황제인 칼리굴라가 황제 숭배를 강요해서 유대에게 또다시 큰 고통을 주었습니다. 시리아의 총독 페트로니우스(Petronius)에게 예루살렘 성전의 지성소 안에 자신의 동상을 세워놓고 숭배하게 하라는 명령을 내렸던 것입니다.

41) 타키투스, 『타키투스의 연대기』, 박광순 옮김(파주: 범우사, 2005), p.413.

유대 민중들은 페트로니우스 총독을 포위하고 격렬한 시위를 했습니다. 페트로니우스 총독은 간신히 목숨만 건져 시리아로 도망했습니다.[41]

로마의 네 번째 황제 클라우디우스는 유대의 총독으로 쿠피루스 파투스(Cuspius Fadus)와 티베리우스 알렉산더(Tiberius

# IOSIPPVS

## DE BELLO IV-
### DAICO.

Deinde decem Iudæorum capti-
uitates & Decalogus cum ele-
ganti commentariolo Rab-
bi Aben Esra.

Hisce accesserunt Collectanea aliquot,
quæ Sebastianus Lepusculus Basi-
liensis colligebat, de quibus ui-
dere poteris uerso folio.

**Omnia Hebraicolatina.**

Cum Gratia & priuilegio Cæsareo ad
quinquennium.

BASILEÆ.

유대 전쟁사
- 요세푸스 作, 1559년 판

Alexander), 쿠마누스(Cumanus)를 보냈습니다.

그리고 로마의 다섯 번째 황제인 네로는 유대의 총독으로 벨릭스(펠릭스, Felix), 베스도(페스토스, Festus), 알비누스, 가이우스 케스티우스 플로루스(Gaius Gessius Florus)를 총독으로 보냈습니다. 바로 플로루스 총독 때에 유대 전쟁이 벌어졌습니다.

A.D.66년 플로루스는 로마에 바쳐야 하는 세금이 밀리자, 예루살렘 성전 금고에서 17달란트의 금화를 몰수해 세금으로 환원시켜버렸습니다. 이에 유대인들은 플로루스에게 저항하면서 총독을 경멸하기 위해 구호금을 모금했습니다.[42] 이에 플로루스가 이들을 잡아 예루살렘에서 십자가 처형을 실시했고, 곧이어 유대인들은 로마 정권에 반대하는 폭동을 일으켰습니다.

이 폭동 소식을 전해들은 네로 황제는 즉시 시리아의 민정 책임자였던 케스티우스 칼레스(Cestius Callus) 총독을 예루살렘으로 급파했습니다.[43]

그러나 예루살렘 성을 점령하고 있던 유대인들의 강경한 대응에 케스티우스 칼레스 총독은 5,300명의 보병과 380기의 기병 전사자를 내고 시리아로 돌아갈 수밖에 없었습니다. 그리고 건강이 좋지 못했던 케스티우스 칼레스 총독은 안디옥으로 돌아가자마자 곧 죽고 말았습니다.[44]

42) 플라비우스 요세푸스, 『유대전쟁사』, 김지찬 옮김(서울: 생명의 말씀사, 2010), p.228.

43) 타키투스, 『타키투스의 연대기』, 박광순 옮김(파주: 범우사, 2005), p.660.

44) 플라비우스 요세푸스, 『유대전쟁사』, 김지찬 옮김(서울: 생명의 말씀사, 2010), p.273.

이것이 유대 전쟁이 된 것입니다. 이 전쟁은 유대 안에서만 즉, 유대, 이두매, 베뢰아, 갈릴리 지역에서만 일어난 전쟁이었습니다. 그러나 유대의 폭동 소식이 전해지자 디아스포라 유대인들에게까지 피해가 퍼져갔습니다. 다메섹에서는 유대인 18,000명이 살해되기도 했습니다.[45]

이 유대 전쟁에 참가했던 요세푸스가 『유대 전쟁사』를 남겼습니다. 결국 이 전쟁에는 로마의 베스파시아누스(Vespasianus)와 그의 아들 티투스(Titus)가 참전하게 되었고[46] 그들이 이후 네로에 이어 로마의 황제의 자리에 오르게 되었습니다.

4년간의 유대 전쟁에서 사실 치열했던 것은 마지막 약 5개월간이었습니다. A.D.70년 예루살렘은 도성 전체가 완전히 로마에게 넘어갔습니다. 예루살렘 성전은 불탔고, 성전기물들도 로마로 가져갔습니다. 끝까지 마사다 성채 안에서 저항하던 자들은 부녀자와 어린아이까지 포함해서 960명이었고, 그들은 모두 자결함으로 최후를 맞이했습니다.[47]

유대에서 도망한 사람들은 알렉산드리아로 가서 다시 유대인들을 선동하였으나 그 일도 성공하지 못했습니다. 예

45) 베르너 퓌르스터, 『신구약 중간사』, 문희석 옮김(서울: 컨콜디아사, 2008), p.145.

46) 플라비우스 요세푸스, 『유대 전쟁사』, 김지찬 옮김(서울: 생명의 말씀사, 2010), p.293.

47) 플라비우스 요세푸스, 『유대 전쟁사』, 김지찬 옮김(서울: 생명의말씀사, 2010), p.658.

48) 베르너 푀르스터, 『신구약 중
간사』, 문희석 옮김(서울: 컨콜디아
사, 2008), p.152.

루살렘에는 로마의 보병 대대가 주둔했으며, 유대인들의 성전세는 로마에 있는 이방신 쥬피터(Jupiter)에게 바쳐야 했습니다. A.D.70년 유대 전쟁의 패배로 말미암아 산헤드린 공회는 없어지고, 사두개파, 에세네파 그리고 열심당도 모두 사라졌습니다.[48]

A.D.116년 트라야누스 황제 때에 유대는 또다시 반란의 기미를 보인 적이 있습니다. 그러자 A.D.130년 하드리아누스 황제는 예루살렘에서 유대인들을 완전히 추방하고, 유대교를 금하지는 않았지만, 유대교를 멸시하기 시작했습니다.

49) 조병호, 『성경과 고대전쟁』(서
울: 통독원, 2011), p.222.

때문에 공식적으로 유대가 문을 닫은 연도는 A.D.70년이지만, 실제적으로 유대인이 전 세계로 흩어지게 된 것은 A.D.130년입니다. 그리고 그 후 유대인들은 나라 없는 민족으로 전 세계를 떠돌다가 1948년 〈이스라엘〉이라는 이름의 나라를 다시 세우게 된 것입니다.[49]

# 유대인과 그리스도인

우리 민족의 역사는 고조선, 삼국시대, 고려, 조선, 대한제
국, 일제 강점기, 그리고 이후 현재는 한 민족 두 국가로 북
한과 남한으로 나뉘어 있습니다. 그런데 이스라엘은 아브
라함 한 사람으로 시작해 히브리 민족, 이스라엘, 한 민족
두 국가였던 북이스라엘과 남유다를 거쳐, 유대인, 그리고
현재 다시 이스라엘이라는 나라로 존재하고 있습니다.

이스라엘이라는 이름은 구약성경에 등장하는 야곱에게 하
나님께서 새로 주신 이름이었습니다. 야곱의 열두 아들은
지파와 이스라엘 왕정의 뼈대라 할 수 있습니다. 야곱의
열두 아들 가운데 세 번째 아들이 바로 레위입니다. 레위
가 제사장 지파가 된 것은 그가 열두 아들 가운데 탁월한
실력을 갖추었기 때문이 아닙니다. 그가 제사장 지파로 택
함을 받았기 때문입니다.

레위 지파는 제사장 가문으로 다른 지파와 달리 생업에 종
사하지 않고 하나님께서 맡겨주신 특별한 일, 즉 하나님과

사람 사이에 평화를 만드는 일을 감당해야 했습니다. 그리고 다른 아들들은 레위 지파를 그들의 장남을 챙기듯이 돌보아야 했던 것입니다.

이스라엘도 마찬가지입니다. 그들은 세상의 여타 다른 많은 나라 가운데 제사장 나라의 사명을 받았습니다. 그것을 위해 하나님께서 그들을 특별히 훈련시키시고 돌보셨던 것입니다. 그런데 다윗 시대에 한 번 제사장 나라의 모범을 보여주더니, 그 후로 그들의 사명을 망각한 채 어긋난 길로 치달았습니다.

하나님께서는 이스라엘을 제사장 나라로 회복시키시기 위해 5대 제국, 즉 앗수르, 바벨론, 페르시아, 헬라, 로마를 들어 하나님의 몽둥이로 사용하시기까지 했습니다. 이와 같이 이스라엘의 역사는 곧 구약의 역사를 의미한다고 할 수 있을 것입니다.

반면, 21세기 이스라엘은 세계 인구에서 차지하는 비중이 약 0.1%에 불과한 소수이지만 세계 곳곳에서 막강한 힘을 가진 세력, 노벨상을 가장 많이 수상한 머리 좋은 민족, 중동의 화약고라는 이미지로 다가옵니다.

이렇게 이스라엘이라는 나라 이름과 함께 유대인이라는 독특한 그들의 민족 이름은 오늘날 전 세계의 사람들이 대체로 모두 알 정도로 유명합니다. 이는 보통 나라 이름만

으로 충분한 다른 나라 민족들과의 차이라면 차이라고 할
수 있을 것입니다.

'유대인' 하면 유대인의 상술, 유대인의 탈무드가 먼저 떠
오를 것입니다. 그런데 '유대인' 하면 예수님이 먼저 떠올
라야 합니다. 예수님께서 이 땅에 오실 때 동방박사들이
"유대인의 왕이 나신 곳이 어디입니까?"라고 헤롯에게 물
었다가 온 예루살렘에 큰 소동이 났었다는 것을 기억하실
것입니다. 그리고 빌라도가 예수님께 "네가 유대인의 왕이
냐?"라고 불었을 때 예수님께서는 "네 말이 맞다."라고 대
답하셨으며, 예수님의 십자가 위에 달린 명패에 〈유대인의
왕〉이라고 써 있었을 정도로 예수님과 유대인은 깊은 관련
이 있습니다.

하나님께서 택하시고 율법을 통해 법의 민족으로 훈련시
켜 온 세계 민족을 위한 제사장 나라를 삼으신 이스라엘은
그 사명을 감당하지 못하고, 이 땅에 유대인의 왕으로 내
려오신 하나님의 아들 예수님도 알아보지 못하고 유대교
의 율법에 따라 예수님을 처형하였습니다.

유대인의 유대교는 다른 여타 종교와 달리 전도를 하지 않
는 독특한 종교입니다. 선민이라 자처하는 그들만이 유대
교의 멤버이기 때문입니다. 다시 말해 VIP Membership인
것입니다. 오늘날도 유럽과 미국에 가보면 주로 토요일에
회당에서 그들만의 모임을 마치고 돌아가는 유대인들을

종종 볼 수 있습니다. 유대인들의 모습은 위낙 독특해서 누구나 쉽게 한 눈에 알아볼 수 있습니다.

유대인 남자 어른들은 그들만의 독특한 모자와 복장을 하고 있으며, 여자 어른들은 단아하게 그들의 자녀들을 아주 잘 챙기고, 남자 아이들은 그들의 아버지와 같이 작은 모자를 머리에 쓰고 히브리어로 된 모세의 율법책을 손에 들고 있기 때문에 한눈에 그들이 유대인임을 알아 볼 수 있습니다. 아직도 그들은 회당에서 모세의 율법을 가르치고 공부하고 있는 것입니다. 사도 바울이 자기 동족을 위해 그렇게 애타게 기도했음에도 아직도 그들은 'NOT YET' 입니다.

"내가 그리스도 안에서 참말을 하고 거짓말을 아니하노라 나에게 큰 근심이 있는 것과 마음에 그치지 않는 고통이 있는 것을 내 양심이 성령 안에서 나와 더불어 증언하노니 나의 형제 곧 골육의 친척을 위하여 내 자신이 저주를 받아 그리스도에게서 끊어질지라도 원하는 바로라 그들은 이스라엘 사람이라 그들에게는 양자 됨과 영광과 언약들과 율법을 세우신 것과 예배와 약속들이 있고 조상들도 그들의 것이요 육신으로 하면 그리스도가 그들에게서 나셨으니 그는 만물 위에 계셔서 세세에 찬양을 받으실 하나님 이시니라 아멘"(롬 9:1~5).

'유대인' 이라는 말은 바벨론 포로로 끌려가면서 생긴 '신조어'였습니다. 바벨론은 여러 나라에서 포로들을 끌어갔는데, 각 나라에서 끌어온 포로들을 구분해서 부르다 보니 남유다에서 끌어온 사람들을 유대인이라 부른 것입니다.

'유대인'이라는 말에서 알 수 있듯이 이는 나라 이름이 아니고 민족 이름입니다. 나라를 가지지 못한 민족, 즉 애굽(이집트)에서 요셉의 후손들을 히브리 민족이라 불렀던 것처럼, 바벨론도 그들에게 나라 이름이 아닌 민족 이름으로 호칭했던 것입니다.

사도행전 1장에 보면 부활하신 예수님을 보고 제자들이 "주께서 이스라엘 나라를 회복하심이 이때니이까." 라고 묻는 장면이 나옵니다. 이는 모든 유대인들이 꿈에서라도, 그리고 어떤 변동의 기미만 보여도 이스라엘이라는 나라 이름을 얼마나 되찾고 싶어 했는지 알 수 있는 대목입니다.

그러나 그들은 신약성경의 처음부터 끝까지 그들이 그토록 회복하기를 원했던 이스라엘이라는 나라 이름 대신 단지 유대인이라는 민족 이름으로 마쳐야 했습니다. 신약시대 100년의 역사가 모두 로마 제국의 우산 아래 식민지 유대인으로 있었기 때문입니다.

일제강점기 36년간 우리 민족이 나라를 잃었던 것과 마찬가지입니다. 일제강점기에 일본이 우리나라를 조선, 혹은

대한제국이라 부르지 않고 조센징(조선인)이라 불렀던 것과
같은 맥락이라 할 수 있습니다.

〈ET〉와 〈쥬라기 공원〉 등을 만든 세계적으로 유명한 감독
인 스티븐 스필버그는 잘 알려진 대로 유대인입니다. 그는
전 세계적으로 유명한 감독이 되자, 진심으로 만들기를 원
했던 영화를 세상에 내어 놓았습니다. 바로 〈쉰들러 리스
트〉였습니다.

흑백으로 만들었음에도 그 영화는 차마 눈 뜨고 보기 힘들
정도로 유대인들의 고난과 고통을 무척 잘 표현했습니다.
히틀러와 나치의 악행에 대해 더 이상의 설명이 필요 없을
정도입니다. 전 세계에서 〈쉰들러 리스트〉를 보고 난 관객
들은 유대인들에 대한 생각을 다시금 해보지 않을 수 없었
습니다. 그리고 나라와 민족에 대한 깊은 생각을 하게 만들
었습니다.

이스라엘, 유대인 그들은 지금도 전 세계의 주목을 받고
있는 나라이고 민족이기는 합니다. 그러나 그들은 지금도
그들의 나라를 다윗 시대처럼 회복시킬 메시아만을 기다
리고 있는 것 같습니다. 예수 그리스도께서 이미 이 땅에
내려오셔서 우리의 죄를 담당하시고 십자가에서 죽으시
고, 부활하시고, 하늘에 다시 오르시고, 다시 오실 텐데 말
입니다.

예수 그리스도께서 이 땅에 오셔서 율법과 선지자를 완성
하셨음에도 불구하고 유대인들은 아직도 율법에 매여 있
다고 할 수 있습니다.

그리스도를 통한 하나님의 선택은 유대인이 아닙니다. 바
로 그리스도인입니다. 그리스도인은 하나님의 아들 예수
그리스도께서 나를 위해 십자가에서 죽으시고 부활하시고
다시 오실 주님이심을 믿는 믿음의 사람들입니다.

저는 그리스도인은 다음과 같은 사람이라고 생각합니다.

첫째, 하나님을 알고 알아가는 사람
둘째, 하나님께 용서받고 용서하는 사람
셋째, 사람의 가치를 알고 알아가는 사람

'그리스도인' 인 것이 기쁘고 자랑스럽습니다.

# 참고문헌


게이어, 죠셉,『이스라엘 설화집』, 김영배 옮김(서울: 종로서적, 1983).

러셀, D. S.,『신구약 중간시대』, 임태수 옮김(서울: 컨콜디아사, 1977).

레온우드,『이스라엘의 역사』. 김의원 옮김(서울: 기독교문서선교회, 1985).

로드스, 아놀드 B.,『통독을 위한 성서해설』, 문희석, 황성규 옮김(서울: 대한기독교출판사, 1977).

메츠거, 브루스 M.,『신약성서개설』, 나채운 옮김(서울: 대한기독교출판사, 1983).

메츠거, 브루스 M.,『외경이란 무엇인가』, 민영진 옮김( 서울: 컨콜디아사, 1979).

몽고메리, 버나드 로,『전쟁의 역사』, 승영조 옮김(서울: 책세상, 2009).

문희석,『구약석의 방법론』(서울: 대한기독교출판사, 1982).

브라이트, 존,『이스라엘의 역사(제4판)』, 엄성옥 옮김(서울: 은성, 2002).

설버그, 레이몬드,『신구약 중간사』, 김의원 옮김(서울: 기독교문서선교회, 1999).

수자, 필립 드, 헤켈, 발데마르, 루엘린-존스, 로이드,『그리스 전쟁』, 오태경 옮김(서울: 플래닛미디어, 2009).

스토트, 존 R. W.,『논쟁자 그리스도』, 한중식 옮김(서울: 심지, 1983).

스트라우스, 베리,『살라미스 해전』, 이순호 옮김(서울: 갈라파고스, 2006).

에버렛, 앤서니,『아우구스투스』, 조윤정 옮김(서울: 다른세상, 2009).

예레미아스, 요아힘,『예수시대의 예루살렘』, 한국신학연구소 번역실(충남: 한국신학연구소, 1993).

요세푸스, 플라비우스,『요세푸스 I : 유대 고대사』, 김지찬 옮김(서울: 생명의말씀사, 2010).

요세푸스, 플라비우스, 『요세푸스Ⅱ : 유대 고대사』, 김지찬 옮김(서울: 생명의말씀사, 2009).

요세푸스, 플라비우스, 『유대 전쟁사』, 김지찬 옮김(서울: 생명의말씀사, 2010).

워리, 존, 『서양 고대 전쟁사 박물관』, 임웅 옮김(서울: 르네상스, 2006).

워커, 윌리스턴, 『세계기독교회사』, 강근환, 민경배, 박대인, 이영헌 옮김(서울: 대한기독교서회, 1975).

윤지강, 『세계 4대 해전』(고양: 느낌이있는책, 2007).

정토웅, 『세계전쟁 다이제스트 100』(서울: 가람기획, 2010).

조병호, 『성경과 고대전쟁』(서울: 통독원, 2011).

존슨, 폴, 『유대인의 역사Ⅰ』, 김한성 옮김(파주: 살림출판사, 2005).

타키투스, 『타키투스의 연대기』, 박광순 옮김(파주: 범우사, 2005).

투키디데스, 『펠로폰네소스 전쟁사(상)』, 박광순 옮김(서울: 범우사, 1993).

파이퍼, 챨스 F., 『신구약 중간사』, 조병수 옮김(서울: 한국기독교교육연구원, 1982).

푀르스터, 베르너, 『신구약 중간사』, 문희석 옮김(서울: 컨콜디아사, 2008).

플루타르코스, 『플루타르크 영웅전Ⅰ』, 홍사중 옮김(서울: 동서문화사, 2007).

플루타르코스, 『플루타르크 영웅전Ⅱ』, 홍사중 옮김(서울: 동서문화사, 2007).

하이켈하임, 프리츠, 『로마사』, 김덕수 옮김(서울: 현대지성사, 1999).

헤로도토스, 『역사(상)』, 박광순 옮김(서울: 범우사, 2005).

헤로도토스, 『페르시아 전쟁사』, 우위펀 엮음, 강은영 옮김(서울: 시그마북스, 2007).

헹엘, 마틴, 『신구약 중간사』, 임진수 옮김(파주: 살림출판사, 2009).

헹엘, 마르틴, 『유대교와 헬레니즘 1』, 박정수 옮김(파주: 나남, 2012).


오병세, 「사해문서와 구약성경 연구」, 『논문집-고신대학』(부산: 고신대학교, 1981).

천사무엘, 「요세푸스 역사이해」, 『신학사상: 121집』(서울: 한국신학연구소, 2003).

한상인, 「신구약 중간시대의 역사와 종교(Ⅰ)」, 『신학논문총서: 구약신학 자료집, 32권』(서울: 학술정보자료사, 2004).

Ackroyd, Peter R.. *Israel under and Babylon and Persia* (London: Oxford University Press, 1985).

Bright, John, *A History of Israel* (Philadelphia: Westminster Press, 1972).

Everitt, Anthony, *Augustus : the life of Rome's first emperor* (New York : Random House, 2007).

Foerster, Werner, *From the Exile to Christ; a historical introduction to Palestinian Judaism* (Philadelphia: Fortress Press, 1964).

Hengel, Martin, Juden, *Griechen und Barbaren : Aspekte der Hellenisierung des Judentums in vorchristlicher Zeit* (Stuttgart: KBW Verlag, 1976).

Johnson, Paul, *A History of the Jews* (New York: Harper & Row, 1987).

Josephus, Flavius, *The works of Josephus* (Peabody, Mass.: Hendrickson Publishers, 1988).

Metzger, Bruce Manning, *New Testament studies: philological, versional, and patristic* (Leiden: Brill, 1980).

Rhodes, Arnold. B., *Mighty acts of God (Richmond: John Knox Press, 1964). Surburg, Raymond F., Introduction to the intertestamental period* (St. Louis: Concordia Pub. House, 1975).

Vanderhooft, David Stephen, *The Neo-Babylonian empire and Babylon in the latter prophets* (Atlanta, Ga: Scholars Press, 1999).

Walker, Williston, *A history of the Christian church* (New York: Scribner, 1959).

Warry, John Gibson, *Warfare in the classical world : war and the ancient civilisations of Greece and Rome* (London: Salamander Books, 1998).

Wiseman, Donald John, *Nebuchadnezzar Babylon* (London: Oxford University Press, 1985).


A BLANK PAGE FULL OF HISTORY